Estratégias Terapêuticas na Clínica Infantojuvenil

Estratégias Terapêuticas na Clínica Infantojuvenil

Coordenação

Ilen Moraes Senra
Andréia Roma

PSICOLOGIA
SÉRIE
AUTORES BRASILEIROS

Editora Leader

Copyright© 2019 by Editora Leader
Todos os direitos da primeira edição são reservados à Editora Leader

Os artigos publicados nesta obra refletem a experiência e o pensamento de cada coautor, não havendo necessariamente relação direta ou indireta, de aceitação ou concordância, com as opiniões ou posições dos demais convidados.

Diretora de projetos:	Andréia Roma
Revisão:	Editora Leader
Capa:	Editora Leader
Projeto gráfico e editoração:	Editora Leader
Livrarias e distribuidores:	Liliana Araújo
Atendimento:	Rosângela Barbosa
Gestora de relacionamento:	Juliana Correia
Organização de conteúdo:	Tauane Cezar
Diretor financeiro:	Alessandro Roma

Dados Internacionais de Catalogação na Publicação (CIP)
Bibliotecária responsável: Aline Graziele Benitez CRB-1/3129

E21 Estratégias terapêuticas na clínica infantojuvenil /
1.ed. [Coord.] Ellen de Moraes Senra, Andréia Roma. – 1 Ed. –
São Paulo: Leader, 2019.

ISBN: 978-85-5474-078-8

1. Psicologia. 2. Terapia. 3. Clínica infantojuvenil.
I. Senra, Ellen de Moraes. II. Roma, Andréia. III. Título.

CDD 150

Índices para catálogo sistemático:
1. Psicologia: terapia
2. Clínica infantojuvenil

2019
Editora Leader Ltda.

Escritório 1:
Depósito de Livros da Editora Leader
Rua Nuto Santana, 65, sala 1
São Paulo – SP – 02970-000

Escritório 2:
Av. Paulista, 726 – 13° andar, conj. 1303
São Paulo – SP – 01310-100

Contatos:
Tel.: (11) 3991-6136
contato@editoraleader.com.br | www.editoraleader.com.br

Agradecimentos

É com imenso prazer que a Editora Leader apresenta *Estratégias Terapêuticas na Clínica Infantojuvenil*, obra que faz parte da Série Psicologia.

Assim como nos outros livros dessa coleção, idealizamos um projeto que possa auxiliar os profissionais da área com o que há de mais atual em técnicas e ferramentas para o atendimento clínico de crianças e adolescentes ser bem-sucedido.

Gostaria de agradecer em primeiro lugar a Ellen Moraes Senra, que assina ao meu lado a coordenação deste livro, assim como a introdução e um dos capítulos – "Habilidades de comunicação assertiva na infância e adolescência".

Meu agradecimento também a todos os coautores convidados, reconhecidos em sua área de atuação e que com sua experiência no tema puderam compor esta obra que cumpre o propósito de compartilhar conhecimento relevante para os profissionais de Psicologia.

Quero agradecer por sua colaboração e generosidade, proporcionando à Editora Leader que enriqueça o mercado editorial com mais uma obra de qualidade.

São eles Bruna Diodino Ignacio, Celso Paulo Martins, Ingrid Moura, Julio Rafael da Silva, Mariana Paz, Mariana Rodrigues Poubel Alves Peres, Renata Alves Paes, Michele Santos da Silva, Thais Cristina de Castro Conde Galvão, Viviane Regina de Oliveira Silva e Wesley Botelho da Silva.

Meus agradecimentos a todos que colaboraram na realização deste projeto e que acreditaram no nosso trabalho.

Obrigada a minha equipe, pela dedicação e esforço para que continuemos a nos posicionar no meio editorial com produtos inovadores e pioneiros.

Agradeço à inspiração e sabedoria divinas, que me permitem perseguir e alcançar meus propósitos na vida profissional e pessoal.

Andréia Roma
CEO e Diretora de Projetos da
Editora Leader

Introdução

Ao realizar em conjunto esta obra que agora se encontra em suas mãos, foi imaginado o quão árdua pode ser a atuação do profissional de Psicologia clínica quando o assunto é Psicoterapia com crianças e adolescentes, especialmente porque esse tipo de atendimento envolve também os familiares e, consequentemente, suas demandas mais íntimas, o que pode deixar os profissionais da área completamente perdidos sobre o que usar ou não no atendimento desse público.

Sendo assim, o presente livro vem falar de técnicas inovadoras e essenciais para modificarmos nossa maneira de atuar na ludoterapia básica, respeitando inclusive as diferenças gritantes que atingem crianças e adolescentes, lembrando que a linguagem do diálogo com o primeiro público jamais irá funcionar com o segundo.

Nosso objetivo maior é entregar a você, profissional de Psicologia, um livro com informações teóricas úteis para tornar seu atendimento mais assertivo e para que possa oferecer um serviço clínico de maior qualidade, sempre lembrando que estamos falando de colegas para colegas, visando ganhos para todos.

Aproveite a leitura!

Ellen Moraes Senra

Sumário

1. Educação emocional e sua prática clínica.......... 11
   Bruna Diodino Ignacio

2. Desregulação x autorregulação – entendendo as emoções 23
   Celso Paulo Martins

3. Habilidades de comunicação assertiva na infância e adolescência 35
   Ellen Moraes Senra

4. Atendimento psicológico em Libras para Comunidade Surda Infantojuvenil 45
   Ingrid Moura

5. Infância e adolescência: um olhar da terapia dos esquemas com base nas necessidades emocionais básicas......................... 59
   Julio Rafael da Silva

6. O uso de estratégias *mindfulness* na clínica com crianças 79

    Mariana Paz

7. Promovendo inteligência emocional para pais e pacientes 95

    Mariana Rodrigues Poubel Alves Peres

8. Terapia do esquema emocional infantojuvenil 117

    Renata Alves Paes

    Michele Santos da Silva

9. Atendimento familiar com terapia do esquema 127

    Thais Cristina de Castro Conde Galvão

10. Psicoterapia na adolescência: um olhar da Gestalt-terapia 145

    Viviane Regina de Oliveira Silva

11. O modelo da mente e a Hipnose 159

    Wesley Botelho da Silva

Educação emocional e sua prática clínica

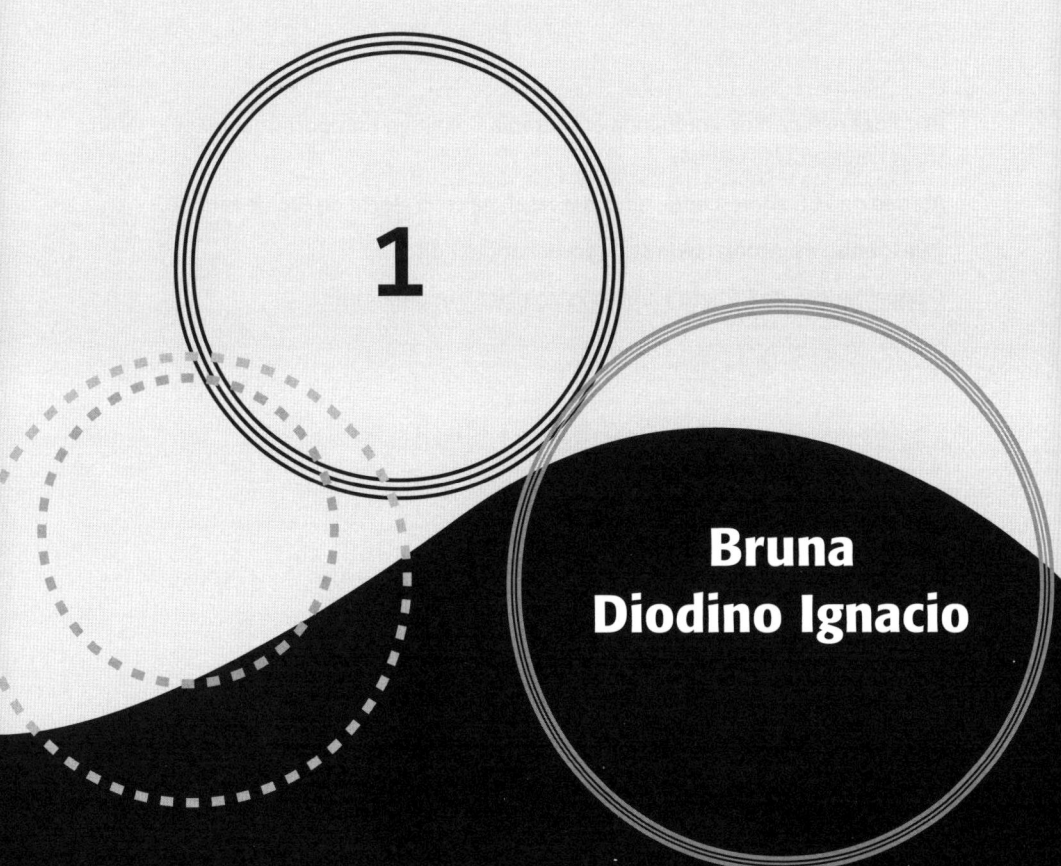

1

**Bruna
Diodino Ignacio**

Bruna Diodino Ignacio

Psicóloga clínica. Pós-graduanda em Terapia Cognitivo Comportamental pelo Centro Universitário Celso Lisboa.

Atende na TCC adolescente, adulto e casal, na zona Norte do Rio de Janeiro.

Palestrante, escritora, colunista, coordenadora editorial.

Coidealizadora do Projeto Plantão Psicológico em uma rádio.

Educação emocional e sua prática clínica

"A educação exige os maiores cuidados, porque influi sobre toda a vida." (SÊNECA [4 a.C.], filósofo romano)

Quando iniciamos a graduação de Psicologia, as universidades já nos trazem toda uma bagagem referente às abordagens com um olhar muito voltado à patologia, à neurose e à doença.

A Psicologia Positiva vem para quebrar e realizar uma ponte, ponte essa, muito válida para com o indivíduo que busca o melhor de si, para viver neste mundo onde a visão de ser uma pessoa feliz ainda se encontra muito banalizada e distante da realidade. Pois a Psicologia Positiva fica no cuidar da relação, no conhecer novas qualidades de vida para auxiliar em nossas fraquezas.

As emoções deveriam ser prioridades quando nos referimos a cuidado nos dias de hoje e sempre.

Quando uma pessoa chega ao consultório à procura de terapia, já vem com uma queixa, com uma demanda instalada. Por vezes já se encontra em depressão ou ansiosa(o). Por isso é importante se trabalhar as emoções, a fim de prevenir esses problemas ao indivíduo. Pessoas emocionalmente inteligentes conhecem-se a si mesmas, suas emoções e são capazes de estabelecer relações empáticas com o seu próximo. Neste sentido, a emoção é algo que parte do interior e que tende a ser exteriorizado, implicando uma relação com o meio.

A educação emocional de Marian Rodrigues (autora do programa) é muito trabalhada em instituições de ensino, ciente de que é o ambiente em que o indivíduo passa a maior parte do tempo enquanto está em desenvolvimento pessoal e social. Sendo um local de ensino, a escola acaba se tornando um forte lugar para a atuação desse programa. A participação é e tem que ser mútua, entre educadores e pais (responsáveis) que pretendem educar suas crianças para serem felizes.

Aprender a ser feliz é uma relação de mão dupla, sendo positiva essa em que os relacionamentos interpessoais serão fortalecidos, e se dá a partir de posturas diante da vida que o indivíduo consegue, sim, mudar a sociedade.

A transformação é a base para a busca da felicidade.

A felicidade e o bem-estar não estão ligados ao materialismo, como parte da sociedade não bem desenvolvida mentalmente diz ser. Segundo o psicólogo Ed Diener, professor emérito de Psicologia da Universidade de Illinois, o materialismo é prejudicial à felicidade, pois, a partir disso, o indivíduo outorga a si um valor de algo que está fora dele; ou seja, pelo materialismo, o indivíduo necessita saber o que o outro pensa a respeito dele para ser feliz. A felicidade desse modo passa a ser frágil e dependente. Gera, assim, uma distorção cognitiva no indivíduo perante uma situação e emoção que depende dele mesmo.

É imprescindível compreender as implicações subjacentes na vida dos indivíduos em desenvolvimento. Em realidades tão distintas os problemas associados são semelhantes e englobam desde o aumento da taxa de gravidez na adolescência ao consumo de álcool e ou drogas, bem como a elevação da criminalidade juvenil, e a ansiedade, problemas psicossomáticos, baixa tolerância a frustrações e a falta de assertividade também engrossam a lista das consequências da inabilidade em lidar com a questão emocional, o que gera inúmeros casos de brigas no trânsito, mortes por motivos banais, brigas para *posts* nas redes sociais, *bullying* em maior parte no ambiente escolar, aumento do crime e dos atos de violência em geral. Por isso é importante conhecer as fases críticas e os comportamentos característicos do desenvolvimento para melhor adaptar o ensino das emoções aos sujeitos em seu particular.

Em ambientes relacionais em que são coesos, as crianças tendem a ter uma representação de si e dos outros mais reforçada, o que vai refletir no seu comportamento em outros contextos. E os adultos devem proporcionar relações de apoio, afetividade e autenticidade, as quais vão ser modeladas pela criança e são uma influência para quererem continuar a estabelecer esse tipo de relação positiva no decorrer de suas vidas.

Na adolescência há um desenvolvimento da consciência das emoções pessoais e o que isso provoca, quer em si, quer nos outros. E uma das maiores preocupações está relacionada com o estabelecimento de relações sociais e a interação em grupos, por vezes com dissimulação das emoções individuais. É a altura da experimentação de emoções e comportamentos e das transgressões às normas, podendo os excessos ser prevenidos pela educação para as emoções (ALZIRA, 2000). Para Alzira (2000, p.19), foi no século XX que houve um despertar para a "revolução emocional", o eu repercutiu na sociedade em geral, e na Psicologia e educação em particular.

Com a educação emocional há uma ligação para com a atuação e ação junto ao programa da Psicologia Positiva. Criada por Martin Seligman, professor da Universidade da Pensilvânia, e colaboradores, a Psicologia Positiva propõe uma nova compreensão sobre a natureza da felicidade e bem-estar, e possui cinco princípios fundamentais:

1. Emoção positiva;
2. Engajamento;
3. Relacionamento;
4. Sentido;
5. Realização.

Dentro dessa abordagem que é a Psicologia Positiva, é possível orientar os pacientes e, em caso de atendimento infantil, aos pais, que assim como os comportamentos são aprendidos, a felicidade também pode ser, e é. O que é considerado uma habilidade social, que é construída junto aos pacientes em terapia, ciente de que há a relação mútua e compartilhada de forma a ser compreendida por ambos (terapeuta e paciente), conforme é direcionado e trabalhado dentro da terapia Cognitivo-Comportamental. Abordagem essa que foi criada pelo psiquiatra e neurologista norte-americano Aaron Beck, no início dos anos 70.

Modelo criado inicialmente para a depressão, o que se deu posteriormente foi a sua utilização para o tratamento de outros transtornos mentais, como a ansiedade, alimentares, fobias, psicossomáticos, traumas, dependência química, entre outros. Trabalha de forma estruturada, diretiva, busca alcançar metas e a autonomia do paciente. Ciente de que o paciente é responsável pelo seu próprio progresso no processo terapêutico, como já citado anteriormente. O paciente aprende habilidades para soluções de problemas, pensamentos e comportamentos que utiliza não só durante o tratamento terapêutico.

Para nós, terapeutas Cognitivo-Comportamentais, um mesmo evento pode ser considerado agradável para uma pessoa, gerando nela um comportamento de aproximação, ou ansiedade em outras pessoas, gerando o afastamento. Considera-se, assim, a forma como o indivíduo interpreta os eventos, influencia a forma como ele se sente e se comporta em sua vida. E quando se fala sobre a Terapia Cognitivo-Comportamental é inegável que certas emoções podem realmente ser extremamente negativas e ter efeitos desagradáveis no pensamento (inteligência). É uma resposta positiva (educação emocional) em contrapartida a um fato negativo, decorrente de uma postura "correta" quanto aos sentimentos.

O tipo de reação irá depender de todo um contexto cultural

e até ambiental. Essa influência cultural e do meio onde a pessoa vive, junto ao conhecimento dos seus padrões individuais, poderá permitir uma avaliação positiva de uma reação e, consequentemente, de sua inteligência.

A emoção afeta o raciocínio de diferentes maneiras. Um indivíduo com sofrimento psicológico tem sua capacidade de percepção de si, do ambiente e do seu futuro prejudicada pelas suas distorções cognitivas de sua patologia nos fatos como são interpretados, por exemplo, com isso a Terapia Cognitivo-Comportamental trabalha na base de identificação e reestruturação de três níveis:

1. Os pensamentos automáticos: processo consciente. São espontâneos, repetitivos e sem questionamento quanto a sua veracidade, perante as mais variadas situações do cotidiano.

2. As crenças intermediárias, também conhecidas como subjacentes: o indivíduo cria e acredita que funcionará da forma como pensa, criando suas próprias regras, suas atitudes e suposições. Uma forma de lidar e se proteger. Um mecanismo de sobrevivência.

3. As crenças nucleares, também conhecidas como centrais: o mais profundo nível de cognição. Raiz da problemática. Forma absoluta, fiel, rígida e inflexível. Difícil de ser acessada ou modificada. Está ligada por vezes à rejeição, ao abandono, à oposição, a dificuldades de estar e se manter vivo, e de componentes externos ao seu redor.

As terapias cognitivas deixam bem claro que nossos pensamentos manipulam nossos sentimentos, que entre os eventos e nossas respostas a eles está a mente. Nós, terapeutas Cognitivo-Comportamentais, utilizamos todo o conteúdo e suporte, e de várias maneiras cabíveis a serem trabalhadas na terapia mostrar ao paciente caminhos novos e mais construtivos. E a inteligência emocional se resume ao autocontrole, persistência ou capacidade de motivações que são usadas em consultório para com o indivíduo. Esses comportamentos isolados influenciam significativamente a qualidade das emoções e a inteligência do ser humano, então é necessário criar uma rede entre a inteligência e a emoção. A inteligência emocional não pode ser unicamente entendida como a percepção e o controle da emoção, deve privilegiar a ação do pensamento sobre o sentimento.

O papel mais importante da emoção está na sua função de facilitar o ato de pensar, criando a possibilidade de considerar, cada vez mais, um número maior de perspectivas. E, segundo pesquisadores, é de que essa capacidade se desenvolva com o amadurecimento da pessoa, visto que há a utilização desse programa em consultório com foco no desenvolvimento do indivíduo em tratamento.

Para o desenvolvimento da inteligência emocional há uma relação entre a realização emocional (é o que a pessoa aprende sobre emoção) e uma competência emocional (reflete um nível desejado de realização - padrão). O que deixa bem claro ser um verdadeiro processo de aprendizagem.

O desenvolvimento emocional do ser humano se dá em três fases:

1. **A aquisição:** momento no qual o indivíduo, além da aquisição e prática das diferentes emoções, também dá a elas um "toque pessoal".

2. **O refinamento:** são as modificações das emoções, principalmente em função do seu meio social e cultural. Pode refletir tanto aguçamento de emoções quanto afastamento em relação a um comportamento específico.

3. **As transformações:** são as mudanças nos sistemas de processamento das emoções, como na forma de pensar ou reagir diante de uma determinada situação.

Citados já em texto ao se referir à Terapia Cognitivo-Comportamental deixando mais clara a ligação do programa da educação emocional com a abordagem. O engajamento, melhor forma e meio de utilização ao mesmo para com o paciente.

A educação emocional trabalha com alguns comportamentos para aprender a desenvolver, como: exercícios de interiorização, respiração, relaxamentos; rodas de conversas; escuta ativa; treinamento de assertividade; contestação de pensamentos automáticos negativos; otimismos aprendidos; autocontrole; empatia, entre outros. E que se fundamenta em quatro palavras centrais: perceber (a emoção que está sentindo em si e no outro); nomear (a própria emoção e a do outro); verbalizar (de forma adequada a sua emoção e a do outro); e decidir (o que fazer, qual comportamento ter e o que o seu comportamento interfere no outro). Utilização em consultório, e fazendo uso dessas técnicas para melhor rendimento da terapia, se aproximando assim do paciente para desenvolver nele a educação emocional positiva.

A educação emocional busca tornar um indivíduo mais inteligente emocionalmente, o que significa que ele terá mais chances de um convívio social estável. Será mais capaz de trabalhar em grupo, terá mais confiança diante dos desafios e situações do seu cotidiano, estará mais apto ao relacionamento interpessoal, mais otimista e equilibrado diante das exigências impostas pela sociedade. Podemos dizer que o desenvolvimento emocional é um processo de construção pessoal, com forte influência do meio. Talvez o maior problema esteja na expectativa que se cria em torno desse programa, de que seja a solução para todos os problemas existenciais do homem. Mas construída e trabalhada com responsabilidade poderá contribuir muito para a evolução e transformação do homem.

A educação emocional pode ser um bom modelo para uma cultura democrática, pois não procura somente impor normas para se ter um resultado do comportamento emocional do indivíduo. E sim incentiva um processo de busca da realização pessoal, dentro do contexto social no qual normas são elaboradas a partir do próprio reflexo dos envolvidos, da própria individualidade de cada um.

A educação emocional positiva é um programa de orientação em habilidades para o bem-estar que engloba as competências sociais e emocionais. É o primeiro programa a integrar conceitos e atividades dos mais importantes teóricos da inteligência emocional, como Daniel Goleman, Mark Greenberg, Claude Steiner e John Gottman, com a Psicologia Positiva de Martin Seligman, envolvendo também conceitos da Terapia do Esquema de Jeffrey Young. Objetiva instrumentalizar para lidar com questões emocionais de crianças e adolescentes, visando prevenir psicopatologias decorrentes da inabilidade de lidar com as emoções, como ansiedade, violência, depressão e problemas psicossomáticos.

Para a educação emocional faz parte ter a consciência dos próprios estados emocionais e dispor de recursos para gerir esses estados. Tornando-se emocionalmente educado é ser mais consciente sobre suas próprias emoções, ser apto a lidar com as emoções perturbadoras e ser capaz de manter interações pessoais saudáveis.

Há algumas razões pelas quais a educação emocional positiva seja ensinada desde cedo, que são:

1. Criar um sistema imunológico emocional, por meio do treinamento de habilidades sociais e cognitivas;

2. Melhorar a aprendizagem;

3. Apresentar exercícios que ajudam as pessoas a construir o bem-estar e cultivar a felicidade.

Referências

GOLEMAN, D. **Inteligência Emocional**. Rio de Janeiro: Objetiva, 1995.

GARNER, H. **Inteligências múltiplas, a inteligência na prática**. Porto Alegre: Artes Médicas, 1995.

SALOVERY, P. ; SLUYER, D. J. (org). **Inteligência Emocional da Criança**. Rio de Janeiro: Campus, 1999.

SMOLE, K. C. S. **A matemática na educação infantil** – a teoria das inteligências múltiplas na prática escolar. Porto Alegre: Artes Médicas, 1996.

VALLE, E. **Educação emocional**. São Paulo: Olho D'Água, 1997.

Educação emocional positiva.

Desregulação x autorregulação – entendendo as emoções

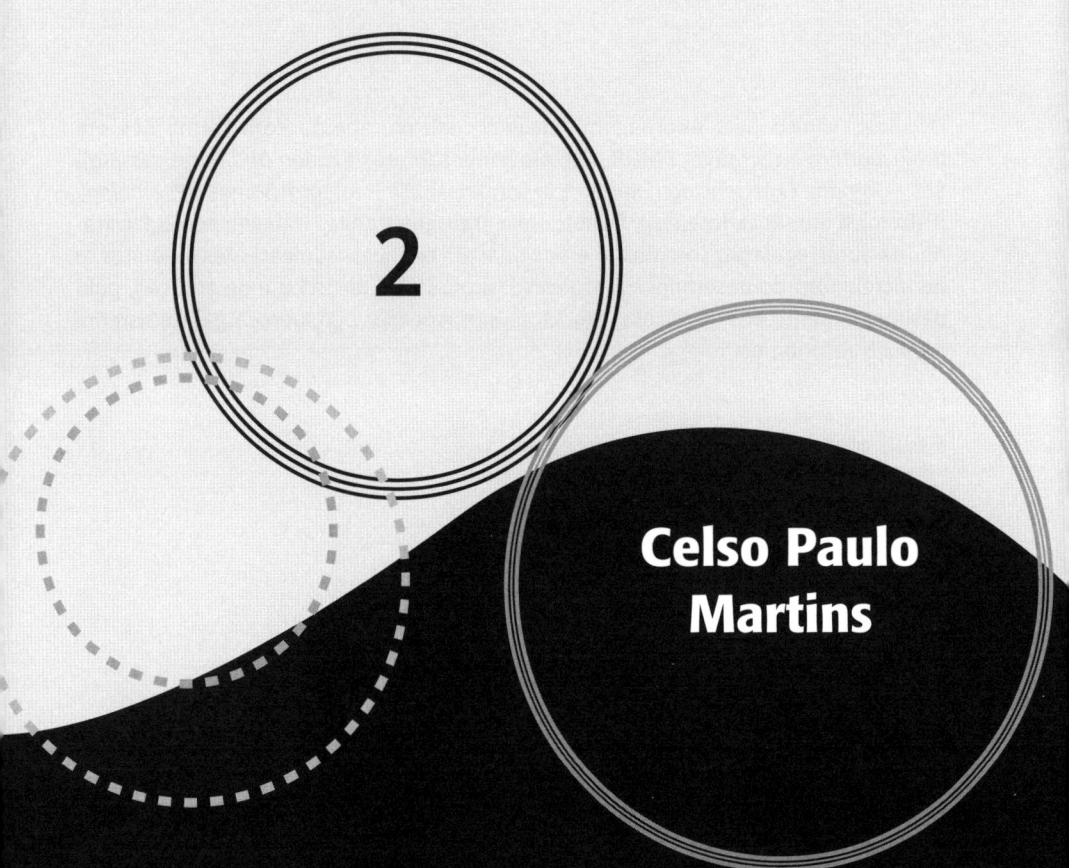

2

Celso Paulo Martins

Celso Paulo Martins

Psicólogo clínico pela abordagem Analítica, neuroterapeuta com formações em *Brainspotting* integrativo, *EMDR (Eye Movement Desensitization and Reprocessing)*, SE® – *Somatic Experiencing* (Experiência Somática), ISP – *Integral Somatic Psychology* (Psicologia Somática Integral), Psicoterapia Transgenerativa. Trabalha como facilitador da autorregulação somática e emocional em crianças, adolescentes e adultos, e no incremento do desempenho esportivo, profissional, artístico e de atuação, pelo desimpedimento dos obstáculos emocionais provocados por sobrecargas no sistema nervoso autônomo.

Contato:

E-mail: contato@psicologocmartins.com.br

Desregulação x autorregulação – entendendo as emoções

Quando estava prestes a me graduar em Psicologia, uma grande amiga disse que eu deveria conhecer o *EMDR*[1] *(Eye Movement Desensitization and Reprocessing)*. Segundo ela, uma ferramenta fantástica, amplamente reconhecida pelo tratamento dos veteranos da guerra do Vietnã, e que ajudava os clientes a se disponibilizarem para lidar com os eventos adversos de suas vidas, principalmente os que se conhece por Transtorno de Estresse Pós-Traumático (TEPT).

Apesar de estar longo tempo em terapia, questões da minha infância ainda emergiam, e eu reagia emocionalmente a diversos estímulos atuais que recontavam minha história de traumas não resolvidos. Muita gente comenta que estudamos Psicologia para entender nossas próprias questões, e acredito nisso. Para mim, os melhores terapeutas são os que desenvolveram empatia e acolhimento por já se terem visto na mesma posição de seus clientes.

Atendi à sugestão e pausei o trabalho pessoal de 18 anos para testar o *EMDR* em mim. Logo percebi o quanto poderia ser valioso

---

[1] EMDR – Dessensibilização e Reprocessamento por Movimentos Oculares, terapia de traumas desenvolvida nos anos 1980 nos EUA.

para minha carreira e me inscrevi na formação. Nela, ouvi falar do *Brainspotting*[2], descoberto dez anos antes. No primeiro dia do treinamento, ao ouvir David Grand fundamentar sua descoberta e comentar os resultados alcançados, me emocionei e senti ter encontrado meu caminho.

Prossigo me trabalhando, hoje pela SE® (*Somatic Experiencing*)[3], criada por Peter Levine, na qual também estou sendo treinado. Minha atualização tem sido constante e na Sintonizando com Crianças 2018, conduzida por Ale Duarte, ficou claro que crianças são mais bem adaptadas a eventos estressores e que a maioria delas, principalmente nos grupos, sem interferência adulta, retoma suas atividades rapidamente buscando a autocura. O aspecto lúdico e integrativo do brincar é fundamental nesse processo de autorregulação.

Mas então, por que uma minoria delas não consegue se regular sem ajuda, e por que isso é ainda mais difícil para os adultos?

A Fisiologia

As respostas se encontram no estudo da Fisiologia. Fomos levados a acreditar na supremacia racional de nosso cérebro diante de outras espécies. É uma meia-verdade, e essa crença nos tem feito negligenciar a complexa rede nervosa que nos rege a partir das áreas inconscientes. De fato, apesar de todo nosso atual desenvolvimento cerebral, carregamos heranças genéticas de outras classes, como a réptil e a mamífera.

O Sistema Neurovegetativo (Tronco Encefálico e Medula Espinhal) está claramente envolvido em nossas reações. Controla todas as funções do organismo e sem ele a vida seria inviável. Ele é tão primitivo, instintivo e rápido que passou a ser chamado de "cérebro reptiliano".

---

[2] *Brainspotting* – Ponto ou local no cérebro – neuroterapia de base corpo-cérebro desenvolvida a partir de 2003 nos EUA.
[3] SE® – Experiência Somática – terapia baseada no Sistema Nervoso Autônomo, desenvolvida nos anos 1970 nos EUA.

Ao Tronco chegam os 12 pares de nervos cranianos, entre eles o Nervo Vago, que o liga ao coração e intestinos. Nos intestinos ocorre a maior produção da serotonina, hormônio que regula o humor[4].

Essa ligação visceral causa estados como: náuseas, diarreia, obstipação, taquicardia, respiração curta e falta de energia, sinais claros da desregulação. A coerência cardíaca, ao contrário, transmitida ao cérebro através do mesmo Nervo Vago, acalma as emoções e sinaliza que a autorregulação está presente.

O Sistema Límbico – que vem dos mamíferos - completa nosso aparato emocional. Pouco mais lento que o Tronco, mas ainda mais rápido que o Neocórtex, identifica se um estímulo externo é prazeroso ou aversivo (pela comparação num banco de dados formado por nossas experiências de vida). Caso o estímulo sugira risco, em frações de segundos irá disparar o alarme de "lute ou fuja primeiro, pense depois" para assegurar nossa sobrevivência.

Nele desenvolvemos áreas para emoções, comportamento e memória. Uma comunicação sofisticada entre esses centros sensíveis dispara reações emocionais pela secreção hormonal que parte do hipotálamo, pituitária e adrenais (HPA). Não por coincidência surgem adrenalina e cortisol, promotores do estresse. Esse trio glandular (HPA) é comandado pelo ramo simpático, acelerador do sistema nervoso autônomo (SNA).

Darwin (citado por VAN DER KOLK, 2013), por volta de 1870, escreveu que homens e animais compartilham das mesmas sensações, afeições e emoções, e que os comportamentos para evitar ou escapar de perigos claramente evoluíram para que cada organismo pudesse ser competitivo em termos de sobrevivência. A demora em escapar, ou qualquer comportamento inapropriado, colocaria o animal em desvantagem na preservação bem-sucedida da espécie, que dependeria intrinsecamente da busca por alimentação, abrigo, acasalamento e reprodução. Todas essas atividades são recíprocas,

---
[4] Sistema nervoso entérico

com a evitação e fuga, e sinalizam uma clara antecipação do que viria a ser classificado posteriormente como TEPT.

Um dito popular diz que somos animais racionais e isso é um fato observável: quando estamos zangados acionamos os mesmos músculos faciais que os de um cachorro. Animais em ambiente natural nascem e tornam-se adultos com autonomia em poucos meses, ao contrário dos humanos, que nascem com o sistema nervoso imaturo demais, e se tornam demasiado dependentes dos cuidadores para sobreviver. Os animais mamíferos, após sofrer uma perseguição – fato cotidiano –, tão logo se sentem a salvo descarregam o estresse acumulado do SNA, deixando o corpo tremer involuntariamente. Animais não pensam, apenas permitem que a sabedoria do corpo os conduza para a autocura. Já o ser humano foi perdendo essa habilidade inata de se autorregular, como veremos adiante.

Como acontece a desregulação

Não existe vida sem desregulação, e é ela que nos amadurece. O evento estressor, seja ele pequeno ou catastrófico, é inevitável, porém, quando acolhido carrega o potencial de desenvolver nossa resiliência, ampliar nossa sensopercepção, nos tornar mais criativos e desenvolver uma vida com mais sentido, sem deixar sequelas. Se o episódio ou sintomas forem ignorados, observaremos a redução no repertório de respostas autonômicas, nos tornando acuados e sem curiosidade pelo novo, pois foi justamente algo inusitado o que nos machucou e gerou a insegurança.

O SNA se ajusta constantemente, e armazena as experiências gratificantes e aversivas na forma sensório-motora (imagens, cheiros, sons, movimentos), gerando emoções no corpo que são interpretadas no cérebro como sentimentos. Emoções e sentimentos criam mapas cognitivos distintos.

Quando ocorre algo precoce, rápido ou intenso demais, e o sistema não consegue tratar a sobrecarga, uma trava emocional se forma e por ela vem a desregulação. Nosso cérebro "evoluído" percebe a resposta de congelamento como morte iminente, e por puro medo não deixa que o sistema se descarregue, produzindo as reações traumáticas. Como o adulto é mais controlador que a criança, essa é a possível causa de ficar mais frequentemente preso nas consequências do evento.

Precisamos do estresse para nos mover para longe do perigo, e isso é natural e sadio. O que nos prejudica é a ativação cotidiana do eixo Simpático-HPA, com o despejo constante dos hormônios de estresse por riscos irreais, já que atualmente não há predadores nos espreitando. Pela evolução filogenética, nosso cérebro continua se comportando como em nossos ancestrais primitivos. Para eles era vantajosa essa ativação para garantir a sobrevivência até a expectativa média dos 40 anos, mas hoje, quando desejamos viver mais e com maior qualidade, temos um paradoxo. E isso é mais um complicador na rota da autorregulação.

Permanecemos "cozinhando o sistema em fogo brando", e uma panela nessas condições vai aquecer mais devagar, mas igualmente vai ferver. Ao longo do tempo, o estresse crônico provocará doenças gastrointestinais, endócrinas, cardiovasculares e imunológicas, que prejudicarão e encurtarão a vida.

O ACE (*Adverse Childhood Experiences Study*) é uma das mais importantes correlações entre as experiências adversas na infância e as doenças que essas pessoas desenvolveram ao longo de suas vidas. Segundo Nadine Harris, algumas delas as mais mortais na atualidade, são devidas à exposição massiva do sistema nervoso de crianças a maus-tratos, abusos, negligência, abandono e ausência do apego seguro.

Somos criaturas de interação, e o cérebro se desenvolve através de experiências repetidas de frustração, prazer ou desapontamento. Quanto mais interação, maior será o desenvolvimento. O primeiro ambiente que temos é imitativo, e copiamos aqueles que nos cuidam. Uma mãe deprimida ou drogada, ou que não dá atenção, equivale a se assistir TV nas 24 horas do dia. O filho assim submetido se aliena, não desenvolve o cérebro e a mente para ser capaz de impactar o mundo que o circunda (VAN DER KOLK, 2013).

O apego é a primeira forma de regulação entre humanos, e a comunicação no cérebro é uma função rítmica sintonizada com os cuidadores. Somos usuários-dependentes dessa sintonia que, se sadia leva à brincadeira e exploração. Já o medo e a desconexão levam à constrição e à hiperativação.

Podemos ilustrar as consequências das interações possíveis numa situação simples: quando o bebezinho está berrando no quarto ao lado, se você é uma pessoa amorosa, calma e relaxada, pensa: "Ah, eu vou lá, meu bebezinho está chorando e eu vou acalmá-lo". Mas se você está infeliz ou traumatizado, e acorda às três da madrugada, pensa: "Ai, meu Deus, minha vida já é muito dura e vem esse bebê chorando a essa hora!" Seu coração bate forte ao pegar o bebê, e ele sente isso e já classifica o mundo, pela sua pulsação, como um local perigoso. Chora e se desespera.

Mas se você for um bebê que tem uma mãe que sorri quando o olha, isso se torna parte da sua fisiologia e lhe dá segurança. O contrário acontecerá se a expressão da mãe denotar raiva, inquietação ou desregulação. Sua fisiologia guardará a informação como negligência e abandono. A atuação amorosa ou áspera do pai causa efeitos semelhantes.

Cerca de 90% dos traumas infantis são causados por parentes. Até os três anos de idade, a fisiologia humana é muito mais frágil e dependente de cuidados. Pela imaturidade neurológica, uma criança pequena é incapaz de sobreviver a alguns desastres, e é imensamente suscetível a traumatizações. Se criadas em orfanatos, crescem sem conexão com seus pais e sob o estigma de nunca serem tocadas e, naquelas negligenciadas desde o início, o aprendizado da interação com outros humanos nem acontece. Se ela não tem quem brinque consigo nos primeiros 18 meses de vida, desenvolverá uma incapacidade de se engajar para o resto da vida.

Eleanor Luzes tem pesquisas sobre a gestação, nascimento e os três anos iniciais. Ela informa que na mulher gestante a emoção passa em tempo real para o bebê pelo cordão umbilical, e a nutrição e sua imaginação irão determinar a qualidade do fígado e do cérebro de seu filho, que por si irá mapear e manipular o próprio código genético, e essa influência epigenética (ambiental) modificará os genes para o resto da vida. Por isso, a gestação e o nascimento são críticos na programação da saúde ou de todas as doenças futuras.

As primeiras experiências da vida determinarão boa parte de nossa personalidade: sentir-se amado, acolhido, pertencente ao núcleo familiar e social nos dará segurança diante das relações e nos levará para a extroversão natural. Ao contrário, sentir-se tolhido, temendo por julgamentos e repressão, conduz à introversão e ao recolhimento, que podem ser confundidos com timidez. Cada pessoa sentirá mais conforto permanecendo num desses mundos (externo ou interno) a maior parte do tempo, o que não é um destino, mas um desafio que poderá ser superado, na medida em que as distorções possam ser trabalhadas por si ou com auxílio especializado.

Hoje é consenso que o trauma surge de uma ruptura no apego. Sob trauma, os sentidos ficam para trás, e outra parte cerebral que não tem nada de cognitivo assume, a que vai assegurar a sobrevivência nas situações extremas. O cérebro reptiliano manda sinais ao corpo para correr, lutar, fugir ou se fechar. E, se o que se teme não acontece, o corpo não se traumatiza. Mas, caso o corpo fique impedido de fazer os movimentos que deveria, ficará preso nesse circuito tentando sair, e a isso chamamos traumatização.

Alguém que receba anestesia e acorde durante a cirurgia com os músculos relaxados pode não ser percebido pela equipe, e isso causa um dos piores eventos de TEPT que se conhece, pela incapacidade de se proteger do que a machuca. É a mesma sensação de impotência que existe num assalto ou estupro. Ou a de uma criança que está sendo espancada, e pede para não apanhar mais, enquanto o agressor continua batendo. É o fato de se estar imobilizado e não poder se defender, e isso causa um estresse pós-traumático enorme.

Traumas de choque com evento único como acidentes, cirurgias, assalto, ou sequestro são tratados com poucas sessões. Já os traumas do desenvolvimento como abusos, ao contrário, demandam tratamento mais longo devido à complexidade pela repetição ao longo de anos em um ambiente sem possibilidade de fuga.

Facilitando a autorregulação

A autorregulação só ocorre pelo corpo e pela **sensopercepção** (percepção do sentir), habilidade inata que fomos perdendo pela relativa segurança ambiental e facilidades da vida nas cidades. Com ela o ramo parassimpático entra em ação e reduz a ativação simpática, o que permite ao sangue fluir até a periferia, a respiração se tornar ampla e ritmada, o relaxamento muscular, além de aumentar a atenção ao que se passa no entorno.

Crianças fluem com mais facilidade na vida pelo brincar. Encenam instintivamente os ciclos regulatórios de luta e fuga, tais quais os mamíferos em liberdade. Ale Duarte os descreve como cinco fases que se sucedem continuamente: *Assentamento, Prontidão, Ação, Interação* e *Integração*. Quando a criança não consegue fruir de sua vida normalmente é porque um evento abrupto a prendeu na prontidão ou ação (nos hiperativos), ou no assentamento (nos apáticos), gerando comportamentos disfuncionais como desatenção, falta de energia, ou agressividade, que são anormais e mostram a desregulação. A cura virá em permitir-lhe completar as fases e os ciclos faltantes.

Em adultos os ciclos também ocorrem, mas não são completados devido ao meio social. Somos condicionados desde cedo a regras comportamentais para obtermos aceitação e apoio. Esse confinamento nos torna muito mais suscetíveis à desregulação e ao trauma. A consciência corporal é fundamental para nos libertar, e atividades como meditação e Yoga têm sido reconhecidas como facilitadoras.

Conclusão

Para Levine (1999), a segurança é a base da autorregulação e da homeostase, e se conectar com a experiência da segurança auxilia a estabilização dos processos no sistema nervoso autônomo.

A desregulação em crianças provém dos adultos, que as sobrecarregam, muitas vezes repetindo comportamentos assimilados das gerações anteriores. Portanto, de nada adiantará regular a criança, se os pais ou cuidadores continuarem a agir com elas da mesma forma. Tratar crianças significa tratar o sistema familiar e social que frequentam, pois elas recebem as urgências, exigências, angústias, frustrações e insatisfações que os adultos têm para com a vida cotidiana, fruto de sua própria desregulação.

Referências

BERGMANN, Uri. *A neurobiologia do processamento da informação e seus transtornos*. Brasília: Traumaclinic, 2014.

DUARTE, Ale. **Ficar juntos, brincar juntos, se curar juntos: como elaborar uma atividade somática para crianças**. In ROSSI, Cornélia P.; NETTO, Liana; PINTO, Liane; FAJARDINI, Zélia (orgs.) *Diálogos estendidos com a Experiência Somática (SE®)*. São Paulo: Scortecci, 2016. P. 145-162.

HANSON, Rick; MENDIUS, Richard. *O cérebro de Buda*. São Paulo: Alaúde, 2012.

HARRIS, Nadine B. Como traumas de infância afetam a saúde ao longo da vida. TED-MED, 2015. Disponível em: https://www.youtube.com/watch?v=95ovIJ3dsNk. Acesso em 21 ago. 2018.

LEVINE, Peter A. **Uma voz sem palavras**. São Paulo: Summus, 2012

_____; FREDERICK, Ann. **O despertar do tigre**. São Paulo: Summus, 1999.

LUZES, Eleanor. Ciência do Início da Vida. TEDx Rio+20, 2016. Disponível em https://www.youtube.com/watch?v=uP2wD54EwzY& feature=youtube. Acesso em: 03 jan. 2019.

VAN DER KOLK, Bessel. **Workshop Trauma, Memory & Restoring One's Self**. São Paulo: ABT, 2013.

Habilidades de comunicação assertiva na infância e adolescência

3

Ellen
Moraes Senra

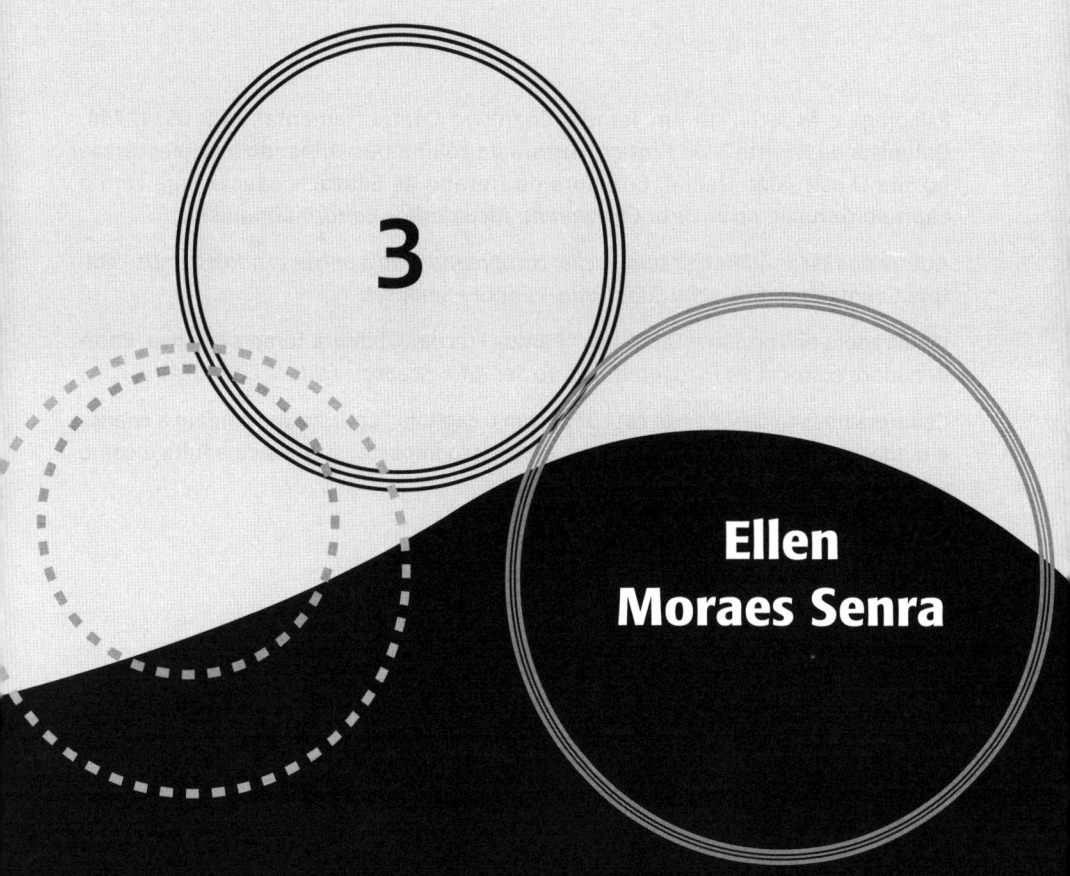

Ellen Moraes Senra

Psicóloga e especialista em Terapia Cognitivo Comportamental, CRP 05/42764. Colunista da Revista *Vida Prática*. Autora da coluna Desvendando a Adolescência no site O psicólogo Online. Coautora do Desafio de Educar – educar hoje com o capítulo *Geração do Futuro: O jovem na faculdade* – Editora Conquista.

Autora dos livros *Adolescer sem Vacilo: compreendendo o universo adolescente* – Editora Conquista, e *Feiurinha Sabe Tudo* – Editora Sinopsys.

Idealizadora do recurso terapêutico "Pontos Fracos" – Editora Terapia Criativa. Coordenadora editorial do livro *Interfaces do Ser Adolescente* – Editora Conquista.

Coautora no livro *Desafios de educar 2*, com o capítulo "Crenças que limitam a criança e o adolescente em seu crescimento. Como isso impacta na sua vida adulta e como superar?" – Editora Conquista.

Contato:

E-mail: ellenmsenra@gmail.com

Instagram: @psicologaellensenra

Site: www.ellenmsenra.com.br

Habilidades de comunicação assertiva na infância e adolescência

Quando falamos de infância e adolescência no contexto clínico, precisamos sempre considerar a rede de apoio que há por trás disso, pois a criança é um modelo que vai se construindo através de seus exemplos e da observação, o que nos mostra a importância de orientarmos não apenas o paciente, mas principalmente os pais. Dentro da minha atuação clínica sempre deixo claro para os responsáveis que ser mãe, pai, avô, avó, tio, tia, madrinha, ou seja, fazer parte da vida da criança e do adolescente não é para qualquer um, mas sim uma tarefa árdua, cansativa e que não seria má ideia se pudéssemos ser remunerados por isso. Sim, digo nós, pois além de psicóloga sou mãe, sou tia, sou um ser humano e, como tal, muito passível de erros imensuráveis, daí a necessidade desse acolhimento e da orientação dos pais.

Segundo Kinard (1995), os problemas que ocorrem nas fases da infância e adolescência podem ser atravessados por diversos fatores distintos do meio externo, o que pode dificultar a tarefa de educar, porém, é unânime entre os autores da área que a educação parental é o fator de maior influência, fazendo assim com que os mesmos mereçam nossa atenção, afinal, não existem filhos sem pais, daí qualquer adjetivo que possamos desejar incluir após a palavra pais consequentemente iremos incluir após a palavra filho. Todavia, minha função aqui é orientar, acolher, esclarecer, mas jamais julgar, até porque eu sei bem que nossa mente parental já nos castiga demasiadamente quando o assunto são os filhos.

Patterson (2002), Gomes e Pacheco (1999) vêm nos alertar sobre a importância que a função parental tem na criação dos filhos e na extinção e/ou manejo de situações conflituosas como a agressividade, falta de responsabilidade e falta de respeito com terceiros, trazendo também a obediência como algo crucial para o desenvolvimento de comportamentos mais assertivos. Os autores aqui citados nos alertam também para a necessidade de educar em casa e demonstrar interesse e responsabilidade com os filhos, além é claro de atender as necessidades básicas de qualquer indivíduo, como afeto, atenção, carinho e o estabelecimento de limites entre o que tem por função principal justamente ensinar. Dentre essas necessidades, tomo a liberdade de incluir a habilidade de dizer "não" sempre que necessário, afinal nossas experiências com a frustração farão toda a diferença no decorrer do nosso desenvolvimento até a vida adulta.

Mas vamos então ao que interessa, pois eu poderia discorrer por páginas e mais páginas sobre o que os responsáveis precisam fazer para o bom desenvolvimento da criança e do adolescente, mas um dos objetivos do livro é justamente auxiliar de forma que esse processo se torne mais fácil.

Autores da atualidade, como Marina e Renato Caminha, por exemplo, já incluíram em seus protocolos atividades a serem desenvolvidas com os responsáveis fora da sessão do paciente e outras para serem desenvolvidas em sessões conjuntas, uma vez que essas atividades demonstram uma grande eficácia na aproximação do paciente e seus responsáveis. Uma das maiores dificuldades relatadas diariamente no consultório é a de iniciar e/ou manter uma conversa, especialmente quando se trata de adolescentes, por isso aqui vão algumas dicas para auxiliar nesse processo:

- Fazer perguntas banais, por exemplo, pedir opinião sobre roupas, falar sobre algo do cotidiano como o tempo.
- Fazer perguntas sobre as atividades da criança ou adolescente.
- Fazer elogios.
- Escolher momentos em que haja tempo para que a conversa se desenrole, ou seja, nada de conversas antes de sair para o trabalho ou se estiver atarefado.
- Compartilhar sentimentos, opiniões, experiências.

Pode parecer bobagem, mas enquanto terapeutas precisamos nos assegurar de que essa comunicação esteja sendo realizada de maneira efetiva, afinal o que os pais mais costumam se queixar é de que não conseguem conversar com os filhos, mas experimente perguntar a esses responsáveis qual é a maneira escolhida para fazê-lo e posso afirmar com quase 90% de certeza de que é o padrão do "bom dia" quando encontramos um conhecido na rua, ou seja, perguntamos sem desejar de fato ouvir a resposta. E então, queridos terapeutas, nesse quesito precisamos ser bem incisivos e não aceitar desculpas do tipo: "Trabalho muito e não tenho tempo", para isso rebata com o questionamento: "Melhor achar uma brecha agora enquanto o tem por perto ou correr atrás quando isso não for mais importante pra ele?" Parece duro, eu sei, mas nosso papel não é passar a mão na cabeça de ninguém, e sim melhorar as relações de nossos pacientes e seus familiares, daí você encontra abaixo umas indicações bastante pertinentes que pode utilizar sempre nas sessões de orientação parental:

- *Ser direto e positivo, ou seja, não enrolar para dizer o que quer e ser agradável ao falar.*
- *Privilegiar uma dupla perspectiva onde as duas pessoas tenham chances de falar.*
- *Valer-se do humor, usar frases curtas no início da conversa.*

- *Usar perguntas de final aberto: as perguntas abertas tendem a gerar maior quantidade de informação; as fechadas podem gerar respostas mais objetivas e precisas, mas restringem-se à informação nelas indicada.*
- *Falar com seu filho quando aparentemente ele está amigável, ou seja, mais livre para uma conversação.*
- *Saber insistir, usando as estratégias que foram mencionadas acima, para que a conversa continue.*
- *Investir na curiosidade.*
- *Valer-se de objetivos alcançáveis e do próprio estilo, ou seja, aja do seu jeito e fale sobre coisas que a outra pessoa consiga conversar.*
- *Elogiar os esforços do filho em falar com você, por exemplo, dizer "foi bom conversar com você".*
- *Valer-se de escuta ativa: demonstrar que está prestando atenção ao que a outra pessoa está falando, tal como "ah-hah", "ah, sim", "acenando com a cabeça", "sorrindo", fazendo com que a pessoa continue falando.*
- *Olhar para o filho enquanto fala.*

(BOLSONI-SILVA, 2006)

Desafios na sessão com os responsáveis

Nessa caminhada educacional e de criação, os responsáveis enfrentam dificuldades imensuráveis que vão desde a necessidade de trabalhar fora de casa para garantir o sustento dos seus até o limiar de paciência que se torna mínimo após uma rotina cansativa no trabalho e nos afazeres de casa, então não é de espantar que o indivíduo se sinta extremamente sobrecarregado e não receba com muita alegria a informação de que o processo terapêutico é colaborativo e não uma espécie de fórmula mágica em que o responsável pela melhora é o terapeuta. Logo, nós, profissionais, precisamos lançar mão das próprias habilidades de relacionamento interpessoal, mantendo sempre o bom senso e utilizando toda a paciência que nos é permitida possuir. Pensando nisso, venho lhes trazer algumas questões que podem auxiliar, e muito, na conduta com os responsáveis:

- A primeira sessão é de anamnese, ou seja, é nesse momento que você irá colher as informações com os responsáveis.

- Na sessão de anamnese devemos ter muito cuidado para não fugir do foco, pois, invariavelmente, os responsáveis usam esse espaço como um momento terapêutico para eles e acabam se esquecendo de passar as informações pertinentes sobre a criança e o adolescente.

- Não se esqueça de informar, além das questões contratuais, a necessidade da participação dos mesmos no processo terapêutico, já deixando bem claro que eles podem ser convidados para a sessão a qualquer momento em que seja necessário.

- Os pais precisam de acolhimento também, pois muitos chegam ao consultório com a sensação de terem fracassado na educação dos filhos. Seja essa uma verdade ou não, nosso papel é acolher e nos colocar à disposição de forma que os mesmos se sintam seguros para se abrir e para recorrer a nós quando precisarem de ajuda.

- Nossos pacientes não são os pais, por isso, dependendo da demanda, é mais do que indicado que esses responsáveis sejam encaminhados para a própria terapia.

- Ensinar que terapia não caracteriza delegar funções, pai é pai, terapeuta é terapeuta.

- Seja assertivo, muitos responsáveis acreditam que por estarem pagando nossos honorários têm o direito de tratar mal, pisar e até mesmo de achar absurdo quando solicitamos a participação dos mesmos nas sessões. Por isso, mesmo que consiga estabelecer uma boa relação terapêutica com os responsáveis, procure deixar claro que no *setting* terapêutico quem comanda é você.

- Procure ser resiliente, mas jamais permissivo em excesso, afinal, faltas não avisadas devem ser remuneradas normalmente e os responsáveis podem tentar contornar isso.
- Sempre explique aos responsáveis como funciona o processo terapêutico citando valores, faltas, cancelamentos, frequência, duração.
- Faça a psicoeducação sobre o caso, ou seja, explique aos responsáveis como é o funcionamento do tratamento e do transtorno, caso o paciente apresente algum.
- Procure solicitar a participação de todos os envolvidos na vida da criança ou do adolescente, afinal é muito comum que somente um dos responsáveis compareça, o que pode atrapalhar a evolução do tratamento.
- Não tenha medo de utilizar estratégias lúdicas com os pais também.
- Prepare materiais educacionais para que os pais tenham em casa sempre que tiverem dúvidas.

Rede de apoio em Psicoterapia infantojuvenil

Quando falamos em Psicoterapia infantojuvenil precisamos também estar atentos a toda a rede que envolve o indivíduo, são elas:

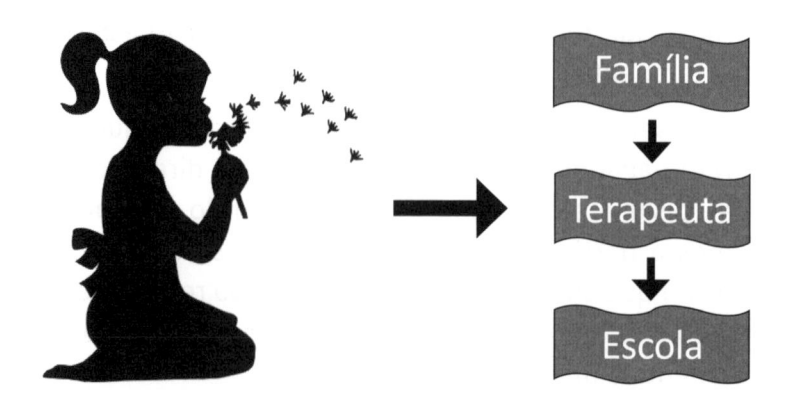

Família
↓
Terapeuta
↓
Escola

A partir dessa ótica se torna viável compreender que um processo terapêutico oferecerá bom prognóstico a partir do momento em que inserirmos esses elementos no contexto, já que os indivíduos mudam de comportamento de acordo com o ambiente em que se inserem, sendo então esse processo necessário para termos uma visão do todo e compreendermos de fato onde está o problema apresentado inicialmente e até mesmo se de fato este existe, afinal, na terapia consideramos não só as queixas dos responsáveis, mas também as nossas observações e, principalmente, as demandas apresentadas pelo próprio paciente.

John Bowlby nos traz o conceito das figuras de apego, que nos permite conceber que somos seres que vamos evoluindo de acordo com os nossos pares, independentemente de quais figuras teremos como base no atendimento às necessidades básicas essenciais, teoria essa que dialoga também com a Teoria de Esquemas de Young, onde entendemos que criamos esquemas diversos (algo que terão a oportunidade de vislumbrar em outro capítulo do livro) para sobrevivermos neste mundo, lançando mão desses esquemas para que possamos efetivamente nos proteger de perigos físicos e emocionais. Logo, cabe a nós, terapeutas, psicoeducar sobre esses conceitos básicos, mas também conscientizar de que a forma de educar hoje não é nem de longe a mesma com a qual nós, adultos, fomos educados outrora, algo muito comum de ser questionado entre as paredes do consultório. No mais, informe-se, estude, valorize sua profissão, sua expertise e coloque em prática a autoconfiança para então ganhar o respeito de seus pacientes e os respectivos responsáveis.

Referências

BOLSONI-SILVA, A. T.; MARTURANO, E. M.; SILVEIRA, F. F. **Cartilha informativa orientação para pais e mães**. 2006.

BOWLBY, J. **Formação e Rompimentos dos laços afetivos**. 1982.

CAMINHA, R. & M. **Intervenções e treinamento de pais na clínica infantil**. Editora Sinopsys.

FRIEDBERG, R. D.; MCCLURE, J. M. Artmed.
Sessões de psicoterapia com crianças e adolescentes: erros e acertos. Editora Sinopsys, 2014.

Atendimento psicológico em Libras para Comunidade Surda Infantojuvenil

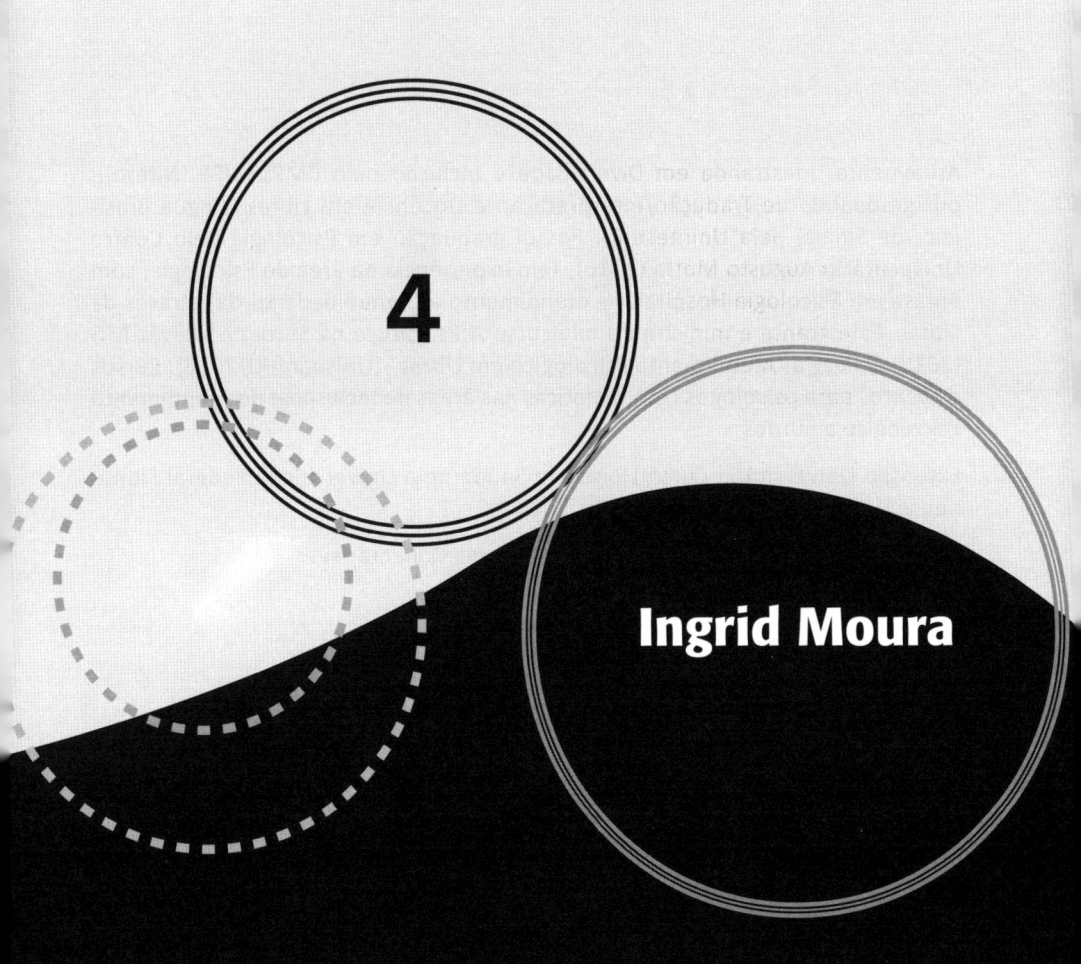

4

Ingrid Moura

Ingrid Moura

Atualmente, mestranda em Diversidade e Inclusão pelo CMPDI-UFF (Niterói); pós-graduanda de Tradução/Interpretação e Docência em Libras (Língua Brasileira de Sinais) pela Uníntese-RJ. Possui graduação em Psicologia pelo Centro Universitário Augusto Motta (2016). Tem experiência na área de Psicologia, com ênfase em Psicologia Hospitalar e atendimento a Comunidade Surda, através da Libras. Palestrante e ministra do minicurso A Psicologia na Surdez – Univás-MG (2018). Palestra "Atendimento Psicológico em Libras" (Unisuam-RJ/2018). Cursos e eventos para psicólogos com temáticas nas áreas de Inclusão e no Atendimento Psicológico a Surdos.

Extensão Universitária Curso Libras em Saúde pela Universidade Federal Fluminense (UFF – 180h/2018-2019).

Sócia idealizadora do Consultório de Psicologia Conectar-se.

Contatos:

WhatsApp: 21 99005-8954

E-mail: ingridmoura_psicologia@yahoo.com.br

Instagram: psi_ingridmoura

Atendimento psicológico em Libras para Comunidade Surda Infantojuvenil

"O ser surdo está presente como sinal e marca de uma diferença, de uma cultura e de uma alteridade que não equivale à dos ouvintes." Autor desconhecido

Introdução

É incontestável que a linguagem é essencial ao ser humano para o estabelecimento de vários tipos de relações, desde a expressão do pensamento até a construção da subjetividade. Embora os psicólogos sejam procurados para atendimento de questões relacionadas à surdez, a grande maioria dos profissionais não conhece a Língua Brasileira de Sinais (Libras) e, muito menos, a cultura surda. Este capítulo é bem instigante e nos traz as reflexões sobre vários aspectos da vida das pessoas que têm um diferencial: a surdez, apresentando não apenas a visão do psicólogo, como também a do paciente surdo, que com a expansão deste olhar abrange uma área tão delicada quanto a da acessibilidade. Será que este detalhe é tão relevante?

No Brasil, o Instituto Brasileiro de Geografia e Estatística (IBGE) registra que quase 10 milhões de pessoas, em nosso território, têm algum tipo de deficiência auditiva. E, em se tratando de atendimento à população surda, principalmente referindo-se à área da saúde e da Psicologia, a clareza na comunicação e o esclarecimento durante uma consulta e/ou sessão de terapia sobre questões que envolvam diagnósticos e o tratamento é um dever dos profissionais e direito dos pacientes. Essa questão implica diretamente o Código de Ética da Profissão, no qual o Conselho Regional de Psicologia (CRP) explicita a importância do sigilo profissional e, para que o mesmo seja respeitado, o profissional de Psicologia não poderá utilizar o auxílio de um intérprete e, sim, ser fluente na língua para atender o paciente surdo através de uma comunicação clara.

Os surdos são aquelas pessoas que utilizam a comunicação visuoespacial, ou seja, se comunicam de forma visual como principal meio de conhecer o mundo, em substituição da audição e, em alguns casos, da fala. A maioria das pessoas surdas é usuária da Língua Brasileira de Sinais (Libras) e se identifica com o mundo surdo e com sua cultura. Este grupo vem conquistando o direito de desfrutar linguisticamente dos espaços sociais e, no âmbito da saúde e da prática clínica, apesar de avanços tímidos, estão sendo disponibilizados profissionais que façam atendimento em Libras. Considerando que nem todos os sujeitos surdos utilizam a Libras, a perda auditiva pode interferir no atendimento psicológico clínico, dependendo do grau e do modo como o surdo se comunica. Assim, é preciso considerar as diferenças linguísticas desses indivíduos, para que os profissionais possam desenvolver um trabalho qualificado, sustentado por uma comunicação compreensível e que faça sentido para a pessoa surda.

Foco no *Rapport*

O *Rapport*, ou vínculo terapêutico, precisa ser prioridade para que se estabeleça um bom acolhimento. No caso do atendimento de surdos, o paciente precisa ter confiança de que o psicoterapeuta, além da Libras, conheça o histórico dos surdos, assim como sua cultura e comunidade. Os pontos de vista biomédico e socioantropológico da surdez, que os diferenciam como sujeitos com uma deficiência e sujeitos com uma diferença, respectivamente, precisam ser temas estudados pelo profissional de Psicologia. Pesquisar os tipos e níveis de surdez e os tipos diferentes de surdos também é essencial para que saibamos a melhor forma de nos comunicar com esse paciente.

É significativo que a abordagem ao sujeito surdo e à família seja feita de forma o mais cuidadosa possível, na qual o psicólogo esteja isento de qualquer preconceito e discriminação, atentando para se portar da forma mais acolhedora e expressiva, exprimindo fluência e segurança no manejo da Língua.

A comunicação com indivíduos surdos varia de acordo com sua interação e formação cognitiva e social, no ambiente familiar e no meio externo. Estes pacientes podem ser oralizados, ou seja, se utilizam da leitura labial, do Português escrito e muitas vezes também falado, o que difere, substancialmente, dos surdos sinalizadores, que se comunicam através da Língua de Sinais. Assim como há surdos que não conseguiram adquirir nem a língua portuguesa, nem a língua de sinais e usam sinais caseiros ou pantomimas. Contudo, o grupo que está crescendo é o de surdos bilíngues, que são fluentes em Português e em Libras. Já no caso dos surdocegos, os atendimentos são feitos através da Libras-Tátil.

A surdez pode ser congênita, situação em que a pessoa já nasce surda, ou adquirida, quando fica surda a partir de fatores externos como acidentes, doenças ou pela idade. Os estudos destacam os tipos de surdez como Normal, Leve, Moderada, Severa ou Profunda. Estes quesitos são os fatores principais para iniciarmos a anamnese do paciente e saber se ele sente-se surdo, se já está inserido na cultura, aceita a surdez, se comunica através da Língua de Sinais ou se ele considera-se D. A. (Deficiente Auditivo), reforçando sua perda sensorial e sendo resistente a participar da comunidade surda e aprender Libras. Uma postura compreensiva, não preconceituosa, de forma expressiva e atenta, demonstrando interesse, faz toda diferença na criação e fortalecimento do *Rapport*.

Atendimento aos surdos infantojuvenis

Na sociedade moderna, as pessoas que vivenciam conflitos familiares, traumas, depressões e outros sintomas de ordem psicológica muitas vezes procuram ou são encaminhadas ao serviço de

Psicologia, o qual pode fornecer suporte psicológico e psicoterapia. Mas, e se a pessoa que busca ou que é encaminhada for surda? Como se mantém o diálogo com um profissional ouvinte?

Nós somos sujeitos singulares, nossas vivências são singulares, cada modo de vida difere um do outro. O intuito da pessoa surda no processo psicoterapêutico seria trabalhar do contexto micro para o macro: cuidar de dentro, para movimentar fora. Levando-se em conta que 90% das crianças surdas são filhas de pais ouvintes, a Psicoterapia para o sujeito surdo visa proporcionar autonomia, desenvolvimento da autoestima e de uma identidade surda positiva.

Além do ranço histórico sempre revivido pela comunidade surda, a maioria dos surdos nasce em lares ouvintes, e a relação é sempre cheia de conflitos e recheada de frustrações. A carência de diálogo, de entendimento e a ausência de comunicação na família podem repercutir em prejuízos em todo o âmbito social do sujeito surdo. As barreiras de comunicação podem causar depressão, ansiedade, entre outros impactos psicológicos.

Na Psicologia devemos trabalhar de modo a promover a saúde e a qualidade de vida das pessoas que buscam o atendimento. Se o paciente for surdo, o profissional deve avaliar a sua capacidade de fornecer o suporte adequado, através do aprendizado da Libras e pelo menos um pouco do universo da cultura surda, posto que estes pacientes necessitam de uma consideração especial de múltiplos fatores que envolvem a sua vida.

Geralmente, não acontece nenhum acompanhamento ou acolhimento aos pais após a criança testada ter um resultado positivo para surdez. Essa falha de comunicação que acontece já nos primeiros dias de vida da pessoa surda vem acolitando-o até a sua fase adulta, sendo um dos principais fatores que corroboram para dificuldades de desenvolvimento e relacionamentos, também questões psicológicas bem pontuais relacionadas à autoaceitação e autoestima.

Os períodos da infância, da adolescência e juventude já são marcados por muitas transições e amadurecimento, principalmente tentativas de erros e acertos. São as fases mais delicadas no desenvolvimento humano, e as cicatrizes desse processo podem nunca ser curadas.

No que se refere ao atendimento de surdos na infância e juventude a comunicação clara é um fator bem importante para os indivíduos nessa fase, facilitando interagir na sociedade em que se insere, ampliando suas relações e minimizando barreiras na comunicabilidade entre paciente surdo e psicoterapeuta. Esse ponto é essencial para que o paciente tenha confiança neste profissional, com a certeza de que será entendido e respeitado em sua diferença.

Ainda sobre comunicação, surdos e ouvintes são linguisticamente diferentes. Para os ouvintes, a língua se estabelece através do canal oral-auditivo, no entanto, os surdos utilizam-se por meio do canal visogestual. A partir destes fatores é possível conjecturar a dimensão do prejuízo ocasionado pela falta da linguagem verbal no desenvolvimento social, intelectual e emocional do indivíduo, pois a comunicação é um dos principais motivos do processo de integração do ser humano, tendo como base primordial o seio familiar. A comunicação dos surdos com o mundo ouvinte é essencial para ter acesso a conhecimento, cultura, informações diversas e autoconhecimento.

A partir da regulamentação do Decreto n° 5626/05, "todos os profissionais que prestam atendimento à população passam a ter obrigação em se preparar, de forma adequada, para atender as pessoas surdas". (FENEIS, 2008) A grande maioria dos surdos não possui ou nunca teve acesso aos serviços de Psicologia, seja por condições financeiras ou pela oferta precária de profissionais capacitados para essa especialidade, pois raros são os psicólogos bilíngues e esse descaso reforça o isolamento dos surdos através da exclusão social.

O acesso da criança, adolescente e jovem surdo à Psicoterapia auxilia na consciência de constituir uma identidade própria a partir do reconhecimento do direito à igualdade e no respeito às diferenças, garantindo empoderamento e luta pela equidade. De acordo com o Código de Ética do Psicólogo, "devemos atentar às diferentes necessidades dos pacientes", sendo assim precisamos entender como acontece a comunicação com cada surdo e seu contexto histórico, a fim de nos adaptarmos para um atendimento mais eficaz.

Compreender os sentimentos e pensamentos destes pacientes, sabendo se iniciaram seus contatos através do mundo surdo ou do mundo ouvinte, além de compartilhar emoções, requer a capacidade de expressar esse entendimento de forma sensível, não fazendo julgamentos e validando os sentimentos da outra pessoa.

Os resultados positivos efetivos, obtidos pela Psicoterapia para uma sociedade inclusiva, se dão a partir do reconhecimento e valorização da diversidade. É preciso que o surdo seja reconhecido como um sujeito completo. Partindo desse princípio, entendemos a necessidade de garantir o acesso e a participação de todos a todas as oportunidades, independentemente das peculiaridades e diferenças de cada indivíduo e/ou grupo social.

A Psicologia tem muita relevância em prol da comunidade surda, com a finalidade de possibilitar ao sujeito surdo viver com autonomia e saúde mental. Assegurar o acesso à Psicoterapia e a equidade na especificidade de cada pessoa surda é o que gera melhora em sua qualidade de vida.

Marzolla (2012) retrata claramente como essa relação se dá em *setting* terapêutico:

> "Se colocar no lugar do paciente e buscar entender a especificidade da relação da pessoa surda com a ouvinte; que consiga entender a angústia de um deficiente auditivo cuja surdez é severa ou profunda no contato com ouvinte, isto é, a angústia vivida pelo surdo (principalmente crianças pequenas ou pessoas que não adquiriram o domínio necessário de uma língua – seja de sinais ou oral) em meio aos ouvintes, de não entender o que se passa a sua volta e de não se fazer entender" (MARZOLLA, p.26).

Ao levar em conta o artigo 9º do Código de Ética Profissional que trata do sigilo no atendimento psicoterapêutico, que deveria garantir ao sujeito surdo o direito a um atendimento que lhe permitisse expressar, autonomamente, reservadamente e sem constrangimento, o seu sofrimento. O atendimento a esse público, surdo e infantojuvenil, necessita de uma atenção especial do profissional quanto à comunicação e conduta adequada em face do paciente e de sua família. Levando em consideração a formação e capacitação do psicólogo.

Doravante a estes aspectos, a utilização do intérprete é a forma errônea de atendimento, podendo interferir no processo terapêutico em relação ao sigilo profissional e à confiança do paciente para se expor na frente de outrem. E é importante lembrar que o psicólogo tem o dever de respeitar o sigilo profissional para proteger, confidencialmente, a intimidade de cada pessoa surda.

Sendo assim, ao aprender Libras, o profissional da Psicologia adapta-se às particularidades deste acolhimento psicológico, minimizando barreiras comunicativas, gerando acesso ao cuidado de saúde e oportunizando a inclusão social desses indivíduos.

A comunidade surda, quando precisa de algum tipo de atendimento psicológico, sofre com barreiras de comunicação dos profissionais da área. Muitos psicólogos recorrem ao uso de pantomimas, escrevem e até recorrem ao Tradutor Intérprete da Língua de Sinais (TILS), porém, estas não são formas adequadas de oferecer um atendimento psicológico. Os psicólogos não depreendem a relevância do uso da Libras no dia a dia até que vivenciem alguma situação com alguma pessoa surda.

Os profissionais da Psicologia devem atuar no fortalecimento da autoestima da criança, do adolescente e jovem surdo, mais do que uma mudança de visão de sujeito, é a possibilidade de construir uma pessoa passível de crescer e gerenciar-se nos diferentes papéis sociais, é desenhar um futuro que pode estar bloqueado pela surdez, que determina o agora como se fosse para toda a vida, impedindo a realização de planos e metas futuras.

Família: oportunidade de ser cuidada

O diagnóstico de uma perda auditiva profunda numa criança filha de pais ouvintes é o começo das aflições no ambiente familiar, causando, nestes, emoções complexas, como sofrimento, tristeza, confusão, culpa, raiva. Esse processo é muito difícil e desgastante para todo o grupo familiar, o que pode trazer questões negativas que acompanharão o surdo por toda a vida. Caso não sejam ressignificadas, essas questões podem marcar um mal-estar permanente nesse contexto.

Para as famílias ouvintes, a partir do momento da descoberta da surdez de um filho, existe um caminho longo até a reconstrução das perspectivas de vida, a fim de elaborar a perda por terem gerado um filho "imperfeito". Como defende Marzolla (2012), é importante "a oportunidade de falar, de expressar suas angústias, seus sentimentos, suas dúvidas, seus anseios sem encontrar recriminações, mas sim um convite a pensar". (p.36). A barreira de comunicação é o que mais desestrutura o desenvolvimento de uma criança surda. É preciso acompanhar como as relações ocorrem, nas óticas familiar e escolar, com este surdo e como o mesmo interage com o meio externo, facilitando a percepção do profissional da Psicologia acerca de suas vivências na sociedade no decorrer de sua vida.

A família tem fundamental colaboração em como esse sujeito surdo irá se estruturar e enfrentar as situações sociais vivenciadas no futuro. É na infância a maior probabilidade de interrupções das interações recíprocas entre pais ouvintes e suas crianças surdas, reforçando o isolamento do sujeito surdo. Isso se deve em grande parte à frustração dos pais pelo nascimento do filho "não idealizado".

Enfim, em se tratando de relacionamento familiar, é importante que o psicólogo acolha esses pais que passarão pelo "estranhamento/familiarização" do primeiro contato e da entrada nesse mundo, estimulando as famílias a estudarem sobre o tema, com a finalidade de aprender a Língua Brasileira de Sinais, minimizando desencontros comunicacionais. O psicólogo atuará diretamente no seu sofrimento e contribuindo para uma ressignificação da situação. A Psicologia é um fator de aproximação entre o sujeito surdo e sua família, atuando diretamente com o suporte ao paciente, apoio familiar e mediação da comunicação entre familiares.

Em relação ao surdo no ambiente familiar, o psicólogo poderá auxiliar em relação a qual é o foco da família como nicho primário para a constituição de um sujeito bilíngue. Também é importante dar atenção aos familiares que recebem o diagnóstico de surdez, impedindo a criança de comunicação restrita para a qual não se tem perspectivas.

A compreensão da família como sistema muda de maneira delicada, mas significativa, visto que nessa prática psicológica não mais se fala da família do paciente, mas da família como paciente, e o psicólogo estará envolvido no objetivo de apresentá-los e trazê-los para o "mundo dos surdos".

Pais surdos e pais ouvintes reagem de formas diferentes desde o diagnóstico da surdez até o relacionamento com o filho surdo durante o período infantojuvenil e fase adulta. Para os pais surdos, mesmo que já tenham vivido fases ruins e experiências negativas no mundo ouvinte durante a sua vida, a expectativa de que seu filho seja surdo é grande, pois é uma forma de propagar sua cultura, seguida da oportunidade de deixar sua herança para as próximas gerações. O filho surdo é uma alegria para a família que já tem pessoas surdas, é natural.

Já os pais ouvintes, que idealizam um filho perfeito e nem imaginam a possibilidade da surdez, quando recebem o diagnóstico positivo estão totalmente despreparados para a aceitação deste filho, a fim de enxergar novas possibilidades de auxiliar essa criança em seu desenvolvimento na sociedade ouvinte, o que resulta em uma comunicação falha e isolamento deste indivíduo. Muitos pais vivem em negação, no que tange à não aceitação deste filho.

As barreiras comunicacionais entre os pais ouvintes e o filho surdo podem nunca se romper, se não houver aceitação por parte dos pais e esforço das duas partes para aprenderem as línguas e manterem esse diálogo. Raramente, pais ouvintes se empenham para que seu filho viva de maneira igualitária no que diz respeito à comunicação no ambiente familiar, o que facilitaria o desenvolvimento de seu filho na sociedade.

O acolhimento a essas famílias também é feito de formas bem particulares, principalmente no caso de pais ouvintes ainda em fase de negação. Nesta situação, damos preferência a trabalhar com esses pais como mediadores entre o mundo surdo e o mundo ouvinte, levamos informações e estimulamos o aprendizado da Língua para facilitar o relacionamento interpessoal entre os mesmos e o paciente, minimizando preconceitos em relação à surdez, ampliando horizontes da família dentro desta temática a partir da prática da empatia.

Como se constrói a relação do psicólogo ouvinte com o mundo da surdez?

Como ainda é escassa a formação para intérpretes e profissionais bilíngues no país, a solução encontrada é participar de eventos acadêmicos normalmente relacionados ao tema da surdez e, mais especificamente, sobre educação de surdos. Um bom conhecimento da comunidade surda e convivência com a mesma são requisitos necessários para o bom desempenho do profissional, mas não deve parar por aí. O psicólogo deve estar em constante reciclagem, buscar aperfeiçoamento acadêmico, fazer cursos, sempre que possível participar de congressos e eventos com temas relevantes ao meio em que está inserido, pois o tema está sempre sendo atualizado.

Passos importantes para que o psicólogo se torne um profissional bilíngue (Português/Libras) e esteja habilitado para atender a comunidade surda são:

1. Entender a sua história, que corrobora até os dias de hoje

com resistência e sentimentos negativos da maioria dos surdos em relação ao mundo ouvinte;

2. O profissional precisa entender o objetivo de ser um psicólogo bilíngue, qual é a razão de estar inclinado a estas questões, se tem uma raiz, uma explicação plausível que o faça refletir sobre esse nicho de atuação.

3. Cursos Básico, Intermediário e Avançado da Língua Brasileira de Sinais são indispensáveis para uma boa estrutura da Língua;

4. Cursos de pós-graduação e pesquisas na área da surdez são impreteríveis para amadurecimento do profissional na comunidade surda.

5. Estudos das nomenclaturas específicas desta população e contato contínuo com o povo surdo são essenciais para ter segurança para atuar com esse público.

O conhecimento da Libras e da cultura surda amplia a visão do profissional psicólogo sobre o paciente surdo e de seu entorno social e, com isto, a melhoria do atendimento ao mesmo, minimizando seu sofrimento e resultando na melhoria da qualidade de vida da comunidade.

Conclusão

O psicólogo tem papel primordial no acolhimento dessas pessoas, e é de nossa responsabilidade procurar compreender e difundir como se estruturam e vivenciam, para que a convivência com o meio externo possa ser menos difícil e preconceituosa, passando a ser mais respeitável e agradável para todos. Dessa forma, ao passo que se busca entender como se dá o desenvolvimento do surdo em sua família de ouvintes, muitas questões podem ser esclarecidas e virem a contribuir para relações e pessoas mais saudáveis em seu ambiente familiar e na sociedade como um todo.

A partir desses aspectos, a Psicologia vem abordar a importância da comunicação e interação entre famílias compostas de surdos e ouvintes, principalmente quando somente os filhos têm essa excepcionalidade, esclarecendo sobre o seu isolamento social. A falta de interesse da família pela Língua corrobora para o distanciamento entre seus membros por falta de comunicação, resultando desde conflitos familiares a inúmeras repercussões de cunho psicológico na vida do surdo.

Referências

CONSELHO FEDERAL DE PSICOLOGIA (Brasil). **Código de ética profissional do profissional psicólogo**. Brasília, DF, 2015.

FEDERAÇÃO NACIONAL DE EDUCAÇÃO E EDUCAÇÃO DE SURDOS (FENEIS). LIBRAS: Língua Brasileira de Sinais. Disponível em: https://www.feneis.br Acesso em: 13 dez 2018.

GESSER, A. "Um olho no professor surdo e outro na caneta": ouvintes aprendendo a Língua Brasileira de Sinais. *Tese de Doutorado*, Campinas: IEL/UNICAMP, 2006.

MARZOLLA, A. C. **Atendimento Psicanalítico do Paciente com Surdez**. São Paulo: Editora Zagodoni, 2012.

RODRIGUES, A. F.; PIRES, A. Surdez infantil e comportamento parental. *Análise Psicológica*, jul. 2002, vol. 20, nº 3, p. 389-400.

SANTOS, J. F.; ASSIS, M. R. As dificuldades do psicólogo no atendimento à pessoa com deficiência auditiva. *Conexões Psi, 3*(1), 23-33. RJ, 2015.

SASSAKI, Romeu Kazumi. Inclusão: acessibilidade no lazer, trabalho e educação. *Revista Nacional de Reabilitação* (Reação), São Paulo, Ano XII, mar./abr. 2009, p. 10-16.

Infância e adolescência: um olhar da terapia dos esquemas com base nas necessidades emocionais básicas

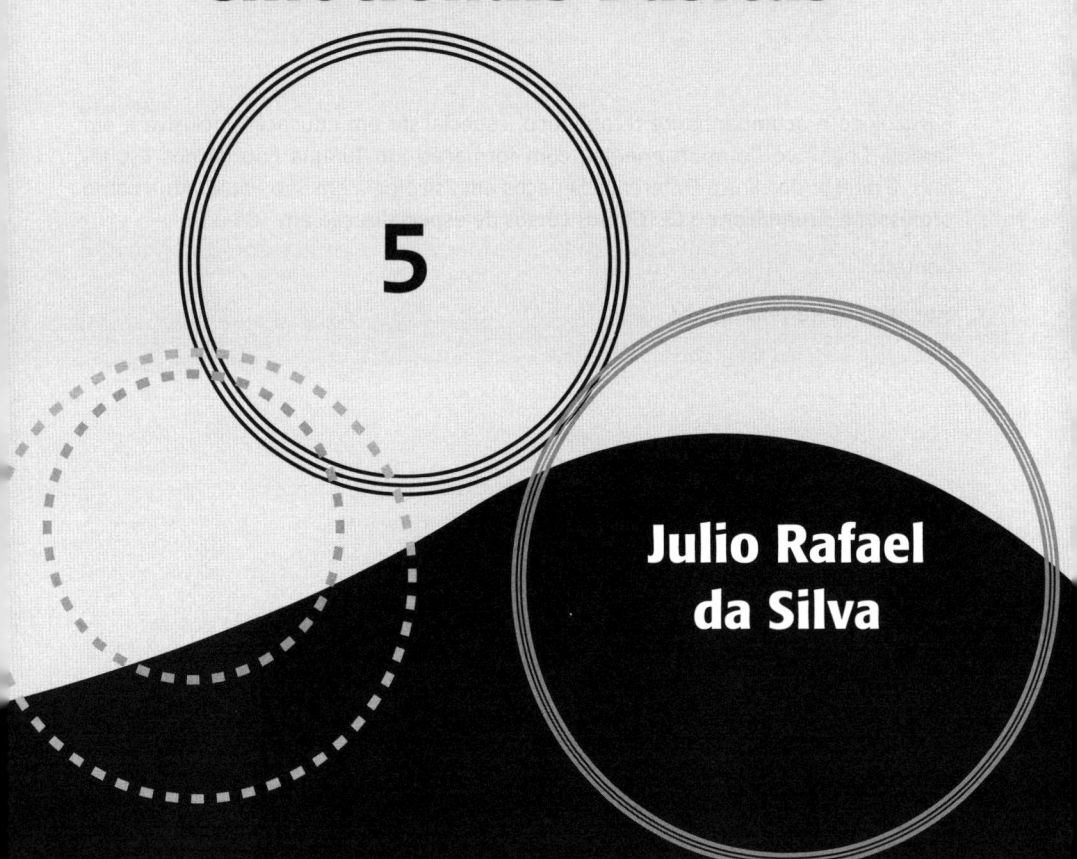

5

Julio Rafael da Silva

Julio Rafael da Silva

É psicólogo e acompanhante terapêutico, especialista em educação inclusiva e em Terapia Cognitivo Comportamental, com formação em Terapia Focada nos Esquemas. É diretor da clínica Differenza Serviços em Psicologia em São Paulo. Atua como professor e supervisor no CETCC nos cursos de especialização em TCC e TE.

Contato:

Site: www.differenza.psc.br

Infância e adolescência: um olhar da terapia dos esquemas com base nas necessidades emocionais básicas

Introdução

Caso 1

Jovem de 17 anos, com Síndrome de Down, realizando prova de matemática com auxílio do mediador escolar. Demonstra sinais de ansiedade, já conhecidos e trabalhados algumas vezes.

Mediador: *G., observe seus pensamentos, lembra? Tente ver o que está passando pela sua cabeça, "segure" esses pensamentos aí e me conte.*

G.: *Julio, meus pensamentos estão fazendo* bullying *comigo!*

Essa expressão utilizada por G. pode resumir de algum modo a experiência que temos quando falamos de Esquemas Iniciais Desadaptativos (EIDs), metaforicamente conscientes ou não admitimos que parecem atuar dentro de nós "vozes" que nem sempre estão a nosso favor.

Trataremos de como padrões recorrentes de pensamentos podem frustrar ou dificultar a vivência de nossos valores, atrapalhar o alcance de nossas metas, impossibilitar relacionamentos saudáveis com os outros e com nós mesmos. Voltaremos nosso olhar especificamente para o início da formação desses esquemas na infância e na adolescência, sua origem em Necessidades Emocionais Básicas (NEs) que não foram ou foram parcialmente supridas, sendo assim, geradoras de prejuízos no desenvolvimento infantil. Por fim, explicitaremos algumas possibilidades terapêuticas no trabalho interventivo com o olhar nas NEs.

A terapia dos esquemas

A Terapia dos Esquemas (TE) é um modelo teórico e prático de compreensão e intervenção psicológica desenvolvido pelo psicólogo e pesquisador Jeffrey Young, em 1990, na intenção de promover um melhor tratamento dos transtornos de personalidade que não respondiam bem ao modelo clássico anterior realizado através da Terapia Cognitivo Comportamental.

Young e seus colaboradores desenvolvem uma abordagem integrativa a partir de um eixo teórico consistente e não eclético como comumente criticado em meios acadêmicos.

Young lança um novo olhar para compreensão dos fenômenos psicológicos com base nos estudos de Bowlby e Ainsworth (1991) sobre a Teoria do Apego, estudos do neurocientista Joseph LeDoux (1996), em especial suas pesquisas a respeito das respostas de medo e raiva sem cognições conscientes mas a partir de memórias sensoriais, não verbais; dos estudos Beckianos (1990) e de outros autores cognitivos sobre o desenvolvimento e atuação de esquemas mentais disfuncionais e, ainda, com base em outras abordagens psicodinâmicas com maior ênfase na relação terapêutica.

O "homem" da TE é um indivíduo que nasce com necessidades emocionais básicas que se modificam de acordo com cada fase do desenvolvimento. Quando estas não são atendidas – ou são parcialmente – se tornam promotoras de Esquemas Iniciais Desadaptativos (EIDs), atuam como modelos internalizados de funcionamento que quando ativados interferem na forma a qual o indivíduo irá se posicionar no mundo.

A definição de EIDs é:

"Um tema ou padrão amplo, difuso; formado por memórias, emoções e sensações corporais; relacionado a si próprio ou aos relacionamentos com outras pessoas; desenvolvido durante a infância ou adolescência; elaborado ao longo da vida do indivíduo; disfuncional em nível significativo". (YOUNG, 2008)

Foram descritos por Young *et al.* (2008) 18 EIDs:

- Abandono e Instabilidade (AB);
- Desconfiança e Abuso (DA);
- Privação Emocional (PE);
- Defectividade e Vergonha (DV);
- Isolamento Social (IS);
- Emaranhamento e Self Subdesenvolvido (EM);
- Dependência e Incompetência (DI);
- Vulnerabilidade a Danos e Doenças (VD);
- Fracasso (FR);
- Grandiosidade e Merecimento (ME);
- Autocontrole e Autodisciplina Insuficientes (AI);
- Autossacrifício (AS);
- Subjugação (SB);
- Inibição Emocional (IE);
- Padrões Inflexíveis e Autocrítica Exagerada (PI);
- Busca de Reconhecimento e Aprovação (BA);
- Negativismo e Pessimismo (NP);
- Postura Punitiva (PP).

Na tentativa de lidar com seus EIDs o indivíduo ainda pode cambiar entre diferentes estilos de enfrentamento: resignação (reprodução, rendição ao esquema fazendo a manutenção de padrões disfuncionais), evitação (evita situações, pensamentos e emoções decorrentes da ativação do esquema) e compensação (tentativa de superar o esquema, fazendo o oposto do que ele provocaria, de forma exagerada e danosa).

Modos Esquemáticos

Ainda com o desenvolvimento da abordagem, Young e seus colaboradores (2008) propõem o conceito de Modos Esquemáticos (MEs), que seriam: *"os estados emocionais e respostas de enfrentamento – adaptativos e desadaptativos – que vivenciamos a cada momento"*. Percebeu-se que para pacientes com muitos EIDs ativos ou muito rígidos em modificar seus padrões disfuncionais, era mais simples e eficaz intervir a partir dos MEs. Pensou-se até que seria o surgimento de uma nova abordagem diferente da TE, porém, o trabalho foi facilmente integrado ao modelo anterior. Young descreve modos inatos da criança (criança espontânea; criança zangada; criança impulsiva; criança vulnerável) que não seriam inicialmente disfuncionais, porém, ao decorrer da vida poderiam se tornar à medida que as necessidades emocionais não fossem atendidas adequadamente, modos de enfrentamento (vencido submisso; protetor desligado; supercontrolador; hipercompensador) e modos pais disfuncionais (pais críticos; pais punitivos).

Podemos sucintamente dizer que a TE traz como proposta de intervenção uma abordagem dividida em quatro fases:

a) Fase de avaliação ou levantamento de EIDs;

b) Fase cognitiva;

c) Fase vivencial;

d) Fase comportamental.

As fases Cognitiva e Vivencial se interpõem, caminham lado a lado. Dentro do processo o terapeuta do esquema se utiliza de ferramentas correspondentes a cada fase de intervenção para promover mudanças nos padrões estabelecidos, porém, nesta abordagem, há uma maior ênfase na relação estabelecida entre terapeuta e cliente, sendo esta também uma ferramenta que perpassa o tratamento desde o início até o fim.

Vê-se acima que a tarefa de tentar apresentar resumidamente uma abordagem tão complexa e minuciosa não é fácil, o leitor pode sentir a necessidade de aprofundar-se em outras leituras para compreender melhor alguns conceitos. E obviamente aqueles que melhor conhecem a abordagem podem sentir-se incomodados com a falta da descrição de outros pontos que julgam relevantes, contudo, não pretendemos de modo algum aqui esgotar o universo que envolve a TE, muito ainda poderia ser dito das outras influências teóricas e práticas relacionadas às intervenções e muito ainda hoje foi e está sendo desenvolvido por outros pesquisadores da TE que têm acrescentado à abordagem. Aqui lidamos brevemente com os conceitos básicos.

Necessidades emocionais básicas e estilos parentais

Caso 2

F. tem 14 anos, foi adotado aos três anos junto com seu irmão dois anos mais novo. Chega ao consultório com diagnóstico de TOD, que foi evoluindo para Transtorno de Conduta, e segundo a psiquiatra que o acompanhava podíamos afirmar que apresentava traços de Transtorno de Personalidade Antissocial. F. brigava com colegas e professores, já havia passado por três escolas diferentes, fugia da sala de aula, planejava e executava agressões aos colegas com potencial de risco grave, como empurrá-los de escadas. Agredia verbal e fisicamente seus pais, cometia pequenos delitos e não demonstrava nenhum pesar diante do sofrimento que provocava nos ambientes em que estava. Nos atendimentos mostrava-se resistente, escrevia apenas palavrões em atividades de escrita, recusava-se a responder perguntas, pegava escondido o celular do terapeuta durante as sessões e o devolvia ao final. Eram comuns flatulências intencionais nos atendimentos, houve episódio onde se utilizou de uma bala para induzir vômito nos pés de outra cliente que aguardava na recepção, abria a sala de outros colegas atrapalhando sessões de outras pessoas, tudo isso realizado aos risos e, quanto mais incômodo causava, mais aparentava sentir prazer. Sua família teve mais uma filha biológica após a sua adoção e a de seu irmão, com a qual, segundo relato dos pais, mantinha uma boa relação.

Depois do processo de investigação inicial o terapeuta objetiva que F. tenha contato emocional com seus EIDs em formação e os relacione com suas NEs que não foram atendidas na infância.

Terapeuta: F., sou um menino que bate nos colegas e nos pais, não segue regras, xinga, grita, fere e faz tudo o que deseja sem se importar com os outros. O que isso diz a meu respeito?

F.: "Que sou respeitado!" – terapeuta escreve "sou respeitado" numa folha de sulfite e prende com fita crepe no braço de F, ele acha engraçado.

Terapeuta: Pois bem, para ser respeitado, eu preciso bater nos meus colegas e nos meus pais, não seguir regras, gritar, ferir e fazer tudo o que eu desejo sem me importar com os outros. O que isso diz a meu respeito?

F.: "Que sou forte!" – terapeuta escreve em outra folha e prende no outro braço de F.

Terapeuta: Para ser visto como forte eu preciso bater nos meus colegas... – repete todo o discurso anterior várias vezes prendendo várias folhas de sulfite em F. até que ele responde:

F: "Eu sou ruim" – terapeuta escreve em outra folha e cola esta no peito de F.; estende a mão e diz:

Terapeuta: Parabéns! Você é o melhor dos ruins que eu conheço! Faz sentido agora. Uma pessoa que se pensa e se sente como alguém ruim faz coisas ruins – F. expressa surpresa e fica confuso com o "elogio". Terapeuta senta-se ao lado dele no sofá e pergunta:

Terapeuta: Quantos anos tem sua irmãzinha?

F: Três.

Terapeuta: Quantos anos você tinha quando foi adotado?

F: Também três.

Terapeuta: Seus pais me disseram que você gosta de brincar com ela.

F: Sim, é muito legal, ela é bem engraçada, é divertido ficar com ela.

Terapeuta: (coloca a mão no ombro de F.) Pensa na sua irmãzinha agora e me conte o que ela poderia fazer contra você que a fizesse merecer que apagassem um cigarro nela? (terapeuta junta os dedos em pinça e pressiona contra o ombro de F). – Ele se assusta, arregala os olhos e recua a cabeça. – O que ela poderia fazer contra você que a fizesse merecer que a "enchessem de pancadas" até deixá-la cheia de marcas? (terapeuta aponta para cicatrizes que F. tem no rosto e na cabeça) – F. começa a chorar – Que a fizesse merecer uma tatuagem no braço, tatuagem no braço de uma criança se chama tortura! Ela merece que alguém abuse dela? (silêncio) Eu sei que fizeram todas estas coisas com você e não há nada que pudesse ter feito que te fizesse merecer isto. Você não é ruim, mas te trataram como se fosse. Ruim eram aqueles que cuidavam de você que deveriam tê-lo tratado com o carinho, o cuidado, o afeto, a segurança que todas as crianças precisam e merecem e não te trataram. Você não é ruim.

F.: (Em lágrimas e falando alto) Sou ruim, sim! Vim de uma família ruim, então meu sangue é ruim!

Terapeuta: Se você fosse ruim como eles você não amaria sua irmã! Você é tão bom que mesmo tendo passado por tudo isso ainda encontra um espaço para amar a sua irmã. – Terapeuta o abraça, faz carinho em sua cabeça, repete algumas vezes estas *palavras enquanto ele se acalma e o convida para que nas sessões posteriores juntos possam trabalhar para que venha à tona o F. que surge na relação com a irmã. Desta sessão em diante o vínculo entre o terapeuta e F. nunca mais foi o mesmo, ele passou a cuidar do terapeuta em pequenas ações, abandonou todos os outros comportamentos provocativos em sessão, e passou a ter pequenas tentativas de melhoria. Houve ainda vários períodos de recaídas graves nos relacionamentos fora do consultório, porém atualmente, após dois anos de atendimento, consegue permanecer estudando em uma escola, fez tentativas de iniciar pequenos trabalhos ainda sem a disciplina necessária para sustentá-los, ainda demonstra cuidado, afeto e proximidade com o terapeuta, características que aos poucos vão sendo reforçadas para que se estendam a outros ambientes.*

Como dito anteriormente, é central no tratamento em TE o conceito de necessidades emocionais básicas, a identificação das NEs que não foram atendidas na vida de nossos clientes é fundamental para o sucesso do tratamento.

No caso acima, com auxílio do terapeuta F. entra em contato com as necessidades de: amor, segurança, proteção, empatia, amparo, cuidado, limites adequados que não foram atendidas na relação com os genitores e os pode relacionar com os problemas atuais, entendendo que por conta deles desenvolveu uma ideia global sobre si mesmo "eu sou ruim" e suas tentativas de enfrentamento deram origem a diversos EIDs.

A tabela a seguir foi simplificada e adaptada do livro de Wainer (2016), com acréscimos de informações do livro de Young (2008) para os três últimos esquemas, tomando como referência sua descrição sobre o tipo de ambiente familiar na formação deles demonstra a relação entre NEs e EIDs.

NECESSIDADES EMOCIONAIS	EIDS
Base emocional estável e previsível apego.	AB
Afeto, amorosidade, empatia e proteção nas relações.	PE
Honestidade, verdade, ausência de situações de abuso.	DA
Aceitação amorosa incondicional dos cuidadores, ausência de criticismo e rejeição.	DV
Sentimento de aceitação e inclusão nos valores e interesses de sua comunidade (amigos).	IS
Suporte e orientação no desenvolvimento de habilidades em diversas áreas.	FR
Equilíbrio entre indicadores de doença ou problema versus habilidades de enfrentamento.	VD
Convivência com pessoas que aceitem seus modos e respeitem seus limites.	EM
Desafios, suporte e orientação para o aprendizado de como manejar com o cotidiano.	DI
Orientação e firmeza empática e afetiva no adiamento de gratificações quanto de tarefas diárias. Limites expressos quando emoções se mostram fora de controle ou inapropriadas para os contextos.	AI
Orientação e imposição de limites afetivos para o aprendizado do efeito das ações dos outros para si e vice-versa.	ME
Liberdade para expressar suas necessidades, sentimentos e opiniões, sem sofrer rejeição ou punição.	SB
Equilíbrio na avaliação da importância das necessidades de cada pessoa. Não utilização da culpa para controlar a expressão de necessidades da criança.	AS
Cuidadores que sejam espontâneos e honestos com a expressão emocional que incentivem a criança a expressar e falar sobre sentimentos.	IE
Orientação no desenvolvimento de padrões equilibrados entre metas e outros aspectos relevantes da vida.	PI
Validação de aspectos positivos da própria personalidade, valorização das inclinações naturais da criança.	BA
Necessidade de relaxamento, equilíbrio do olhar com os aspectos positivos da vida.	NP
Necessidade de perdão e de correção com empatia e limites adequados.	PP

O ambiente é o responsável por suprir as NEs, em especial as primeiras relações entre as crianças e seus pais ou cuidadores serão determinantes na formação ou não de EIDs, deste modo os estudos em TE muito têm se dedicado aos estilos parentais. Young desde o início ressalta esta importância, investiga desde o processo de avaliação de como o indivíduo percebeu a criação que teve, como significou suas relações parentais e as faltas por ele percebidas. Valentini & Alchieri (2009) realizaram uma revisão de literatura dos modelos clínicos de estilos parentais de Jeffrey Young, um recorte ajuda no entendimento do que viemos expondo, basicamente teríamos quatro tipos de ambientes ou práticas parentais em que:

1) A criança ficaria deficiente de estabilidade, compreensão ou amor;

2) A criança seria vitimizada com práticas agressivas e abusivas do ambiente;

3) A criança é tratada com permissividade recebendo coisas boas em excesso, sem limites reais, autonomia e reciprocidade; por fim,

4) A criança abstrai seletivamente os pensamentos, sentimentos e comportamentos de seus cuidadores.

O trabalho em TE pede que o treinamento de pais e sua psicoeducação com intervenções para promover mudanças diretas neste sistema familiar sejam imprescindíveis para o sucesso do tratamento com o jovem ou a criança atendida. A participação dos pais é apontada desde o início e levada junto durante todo o processo terapêutico.

Reparação parental limitada ou reparentalização

Caso 3

J., de 12 anos, apresenta baixo rendimento escolar, desafia professores, realiza bullying *com colegas em classe, tem dificuldade de organizar os pensamentos e de se expressar com clareza, mostra-se nas sessões entediado e pouco colaborativo, não respondia bem ao trabalho que vinha sendo realizado com foco em desenvolver habilidades de memorização, atenção e concentração. Certo dia chega ao consultório tremendo e se abraçando como se estivesse com frio, usa bermuda e camiseta.*

Terapeuta: *O que foi? O que você tem?*

J.: *Frio.*

Terapeuta: *Frio? (coloca a mão em sua testa) Você está com febre. Sua mãe sabe disso?*

J: *Sabe, eu falei pra ela que não estava passando bem, mas ela nunca acredita em mim, ela sempre acha que não é nada, que logo passa, que é uma desculpa para eu faltar nas coisas que preciso fazer – terapeuta tenta ligar para a mãe, sem sucesso.*

Terapeuta: *Não consegui falar com sua mãe, mas tudo bem. Sente-se aí (no sofá) – pega um puff pede para que estique as pernas sobre ele, pega uma blusa e o cobre como se fosse um cobertor, senta-se ao seu lado e liga o* tablet *– Que tipo de música você gosta?*

J: *A gente não vai trabalhar hoje?*

Terapeuta: *Hoje você não precisa trabalhar na mesa, hoje vou cuidar de você, é disto que precisa. Estamos trabalhando de outra maneira. Que música você gosta? – J. pega o* tablet *e começa a mostrar os vídeos dos cantores que gosta. Ao final do atendimento o terapeuta desce com ele para tentar falar com sua mãe, mas ela o avisa por mensagem que um motorista de aplicativo irá buscá-lo. Envia mensagem relatando que acreditava que ele estava com febre e que talvez fosse bom levá-lo ao médico.*

Após este episódio o terapeuta levanta a hipótese de que os pais de J. são distantes emocionalmente e pouco empáticos com as suas necessidades, tendo dificuldades em reconhecer e validá-las e, por consequência, dificuldade também em reconhecer pequenos avanços. Com estas informações e os dados da anamnese e entrevistas iniciais, pode-se compreender que possivelmente os pais acreditariam que quanto mais exigentes fossem melhor seria o desempenho de seu filho e o puniam retirando de modo exagerado atividades próprias a crianças de sua idade e com afastamento afetivo, tentando estimulá-lo a ir melhor. Por sua vez, estes comportamentos dos pais geravam em J. ainda mais desesperança em atingir os padrões dos pais e ansiedade pelo medo de perder afeto e coisas importantes para si, o que tinha por consequência piorar seu desempenho escolar. Estabelecia-se um círculo esquemático disfuncional. Após esta compreensão o terapeuta abandonou as tarefas escolares e os treinos de atenção, concentração e memorização, passou a investir em atividades prazerosas com a criança e a reforçar habilidades apresentadas por ela nas atividades desenvolvidas, jogavam jogos de tabuleiro e de desafios manuais, gravavam vídeos dos desafios, ele divulgava os vídeos em seu status das redes sociais, obtinha reconhecimento e aprovação de seus pares. Nos atendimentos J. passa a falar de suas emoções, sonhos, dúvidas, ri, se diverte, tem ideias para o atendimento. Posteriormente, de forma espontânea num atendimento diz:

J: Meu professor de história disse que sei muita coisa, mas tenho dificuldade de colocar no papel. Você pode me ajudar com isso?

Terapeuta: Claro, com prazer!

Em seguida a mãe de J. liga para o terapeuta:

Mãe de J.: Não sei o que você tem feito com meu filho, mas o que quer que seja tem dado certo.

Terapeuta: Eu brinco com ele! – os dois dão risada – segue-se por telefone uma breve psicoeducação sobre necessidades emocionais, posteriormente é encaminhado material por escrito de orientação aos pais. Tempos depois J. volta com seu boletim, mostra que tinha melhorado em todas as matérias e programamos na sessão como poderíamos comemorar isso.

A experiência clínica com crianças e adolescentes dentro de uma atuação em TE vem apontando este conceito e ferramenta como primordial no processo de mudança.

Com base na Teoria do Apego de Bowlby e nos estudos posteriores de Ainsworth (citado em Wainer, 2003), a Reparação Parental Limitada constitui-se numa prática clínica em que, depois de identificado o tipo de apego estabelecido entre cliente e suas primeiras figuras parentais, o profissional se posiciona na relação terapêutica com o fim de reparar ou corrigir as falhas e faltas dos primeiros vínculos dentro de limites adequados a esta relação.

É muito provável e comum que decorrente da atuação de seus EIDs as pessoas se comportem na sessão de maneira parecida a como se vinculam e atuam no mundo. Analisando as interações que se estabelecem na sessão o terapeuta pode servir de "base segura" na qual o vínculo criado gere mudanças. Ao serem identificadas as necessidades emocionais o terapeuta busca satisfazê-las através de atividades, da sua fala, expressões, gestos, estabelecendo limites e expressando afeto. Gradualmente o profissional instrumentaliza pais e cuidadores para oferecerem o mesmo nas relações fora da sessão, proporcionando a consolidação da mudança obtida no atendimento.

Um fator importante a ser destacado é que neste processo os incômodos vividos pelo terapeuta são tão importantes quanto os impulsos agradáveis. Comumente ouve-se de terapeutas iniciantes que não empatizaram com seus clientes e por isso estão se sentindo mal durante as sessões, cogitam até em encaminhar o cliente a outro profissional. Ao contrário, o processo empático por vezes passará pelos incômodos e sensações desagradáveis, e a reflexão e instrumentalização destas sensações durante o processo terapêutico pode ser de grande valia:

Terapeuta: *Muitas vezes durante o atendimento sinto que me esforço em me aproximar de você e tornar este momento agradável e com sentido para nós dois, porém, parece, às vezes, que você mesmo gostando de alguma coisa prefere dizer que não gostou e desqualifica estes esforços.*

Paciente (menino de 12 anos): *Prefiro você distante, se apegar dói.*

Formulando um caso com base nas NEs

A seguir um passo a passo simplificado de como o terapeuta pode construir uma compreensão a partir das necessidades emocionais básicas não atendidas:

1. Entrevistas iniciais com os pais

a) Queixa

b) Contrato

c) Psicoeducação sobre o processo terapêutico participativo e colaborativo dos pais.

2. Anamnese

Nesta fase o terapeuta atenta na forma como os pais falam da criança, o que contam e como contam. Pode-se estimular através de perguntas dirigidas que os pais tragam informações do vínculo com a criança e não apenas dos problemas atuais encontrados.

a) Na percepção de vocês, como avaliam a relação que têm com seu filho?

b) Se o seu filho pudesse falar coisas a respeito de vocês e da maneira que o tratam, imaginam que ele diria o quê?

c) Na opinião de vocês, qual é a coisa mais importante para o seu filho no relacionamento que mantém com ele? Em que atividade isso aparece?

d) Se vocês puderem esquecer um instante o problema que seu filho apresenta hoje, vocês imaginariam que o maior pedido emocional dele seria qual?

3. Sessões com a criança

a) Lúdicas – brincar livre e dirigido – com o que brinca, como brinca e como se relaciona com o terapeuta? Interage ou brinca sozinha? É calma ou agitada? Está segura, com medo ou parece indiferente? Colabora? Segue regras?...

b) Estruturadas – nesta fase o terapeuta pode investigar aspectos de inteligência, caso aplique testes seria interessante neste momento, se não, pode-se propor atividades que o terapeuta escolhe com base em identificar possíveis deficits ou questões emocionais diante de tarefas estruturadas – atividades na mesa, jogos de raciocínio lógico, quebra-cabeças, estabelecer tempo para atividades dentro da sessão etc. Em tudo observar como a criança reage à tarefa e ao terapeuta.

Ao final desta fase de avaliação o terapeuta pode completar um quadro de orientação inicial do trabalho, como no exemplo a seguir:

Criança/Adolescente: B.

Sexo: masculino

Idade: oito anos

Escolaridade: 2º ano do ensino fundamental

Irmãos: 1 (masculino), dois anos mais novo

Queixa ou problemas atuais: agitação comportamental, não obedece a regras em casa.

Dados relevantes de desenvolvimento: sem informações relevantes nos anos iniciais, seu desenvolvimento e comportamento ocorriam de forma típica.

Dados relevantes da relação do filho com os pais: o primeiro contato com o terapeuta foi feito pela avó paterna, dizendo que por mais que falasse com o pai da criança este não aceitava a necessidade de um psicólogo. Segundo relato da mãe nas entrevistas iniciais, por mais que o relacionamento com o pai fosse bom ela considerava o contato dele com o filho muito superficial, a criança se mostrava mais próxima afetivamente de seu atual marido. Ela, por trabalhar, acreditava que também precisava passar mais tempo com seu filho, porém o tempo que passava considerava que eram momentos de interações felizes, reconhecia que nos episódios de desobediência da criança por vezes se excedia com alguns castigos físicos, que se sentia culpada posteriormente. O pai apareceu num único atendimento em que trouxe a criança por insistência da avó, o deixou aos cuidados do terapeuta no portão da clínica, e de forma apressada disse precisar resolver um compromisso e voltaria ao final da sessão. Sua presença foi solicitada outras vezes sem sucesso.

Relação Terapêutica: nas sessões B. mostrava-se carinhoso, amoroso, espontaneamente sentou-se no colo do terapeuta durante um jogo com carrinhos. Tinha dificuldades na hora de encerrar a atividade, resistindo manhosamente, tentava prolongar o tempo nas que mais gostava, porém com a regra bem estabelecida ao final cedia. Todas as vezes que desejava fazer algo diferente, independentemente de ser um momento livre ou não, realizava o pedido de forma manhosa, como se precisasse do recurso para "convencer" o terapeuta a lhe dar o que queria.

Pai: N.

Profissão: autônomo – motorista de aplicativo

Idade: 36 anos

Impressões do terapeuta: pai distante física e emocionalmente, pouco envolvido com a vida da criança.

Mãe: C.

Profissão: Vendedora

Impressões do terapeuta: afetuosa, interessada na vida da criança, porém punitiva. Devido ao trabalho aos finais de semana também podia dedicar pouco tempo à criança.

Hipótese de NEs não satisfeitas e EIDs associados: carinho, afeto e limites adequados – privação emocional e autocontrole e autodisciplina insuficientes, postura punitiva.

Objetivos Terapêuticos e plano de tratamento: Oferecer nas sessões atividades de livre escolha onde seriam satisfeitos parcialmente o carinho e afeto que a criança necessita, evitando nelas o uso da manha para obter o que deseja. Estabelecer tempo para todas as atividades dentro da sessão de forma consistente, oferecendo um limite firme e adequado aos combinados propostos. Esclarecer para a criança que a desobediência dela tinha a função de receber dos cuidadores a satisfação destas necessidades, oferecer repertório comportamental adequado para obtê-las sem precisar recorrer a estes recursos antigos. Psicoeducar pais, avós e padrasto sobre estas NEs e orientá-los sobre a forma como poderiam satisfazê-las em atividades em casa.

Conclusão

Neste trabalho nos detemos numa breve apresentação da TE com suas formulações e com algumas possibilidades de intervenção clínica no universo infantojuvenil. Para isso focamos no conceito de NEs que quando não satisfeitas dão origem aos EIDs.

Em resumo, o papel do terapeuta neste modelo de atuação consiste em:

a) Identificar as NEs que não foram ou não estão sendo atendidas no universo daquela criança/adolescente;

b) relacioná-las com os problemas atuais do cliente;

c) torná-las conscientes e psicoeducar a criança sobre elas;

d) promover nas sessões uma relação terapêutica reparadora na qual estas necessidades seriam satisfeitas adequadamente;

e) psicoeducar pais e cuidadores sobre estas necessidades auxiliando-os a satisfazê-las nos contextos extraconsultório;

f) promover o afastamento gradual do terapeuta, favorecendo a autonomia do cliente e dos pais em suas vidas.

Vale ressaltar que existem trabalhos de outros autores focando no modelo de atuação em TE com crianças através dos MEs onde têm sido obtidos bons resultados no exercício clínico. Apenas por uma questão de favorecer uma melhor compreensão do trabalho a partir das NEs este artigo não focou no modelo com modos.

Referências

AINSWORTH, M. D. S, & BOWLBY, J. (1991). An ethological approach to personality development. *American Psychologist*, 46, 331-341.

BECK, A. T., FREEMAN, A., & Associaters (1990). **Cognitive therapy of personality disorders**. New York: Guilford Press. Publicado pela Artmed sob o título: Terapia cognitiva dos transtornos da personalidade.

LEDOUX, J. (1996). **The emotional brain**. New York: Simon & Schuster.

VALENTINI, F., & ALCHIERI, J. C. (2009). Modelo clínico de estilos parentais de Jeffrey Young: revisão da literatura. *Contextos Clínicos*, 2 (2), 113-123. Recuperado em 07 de abril de 2019, de http://pepsic.bvsalud.org/scielo.php?script=sci_arttext&pid=S1983-34822009000200006&lng=pt&tlng=pt.

WAINER, R. *et al*. **Terapia Cognitiva Focada em Esquemas**: Integração em Psicoterapia. Porto Alegre: Artmed, 2016.

YOUNG, J. E. (1990). Cognitive Therapy for personality disorders. Sarasota, FL: *Professional Resources Press*.

YOUNG, J.; KLOSKO, J.; WEISHAAR, M. **Terapia do Esquema** – Guia de Técnicas Cognitivo-Comportamentais Inovadoras. Porto Alegre: Artmed, 2008.

O uso de estratégias *mindfulness* na clínica com crianças

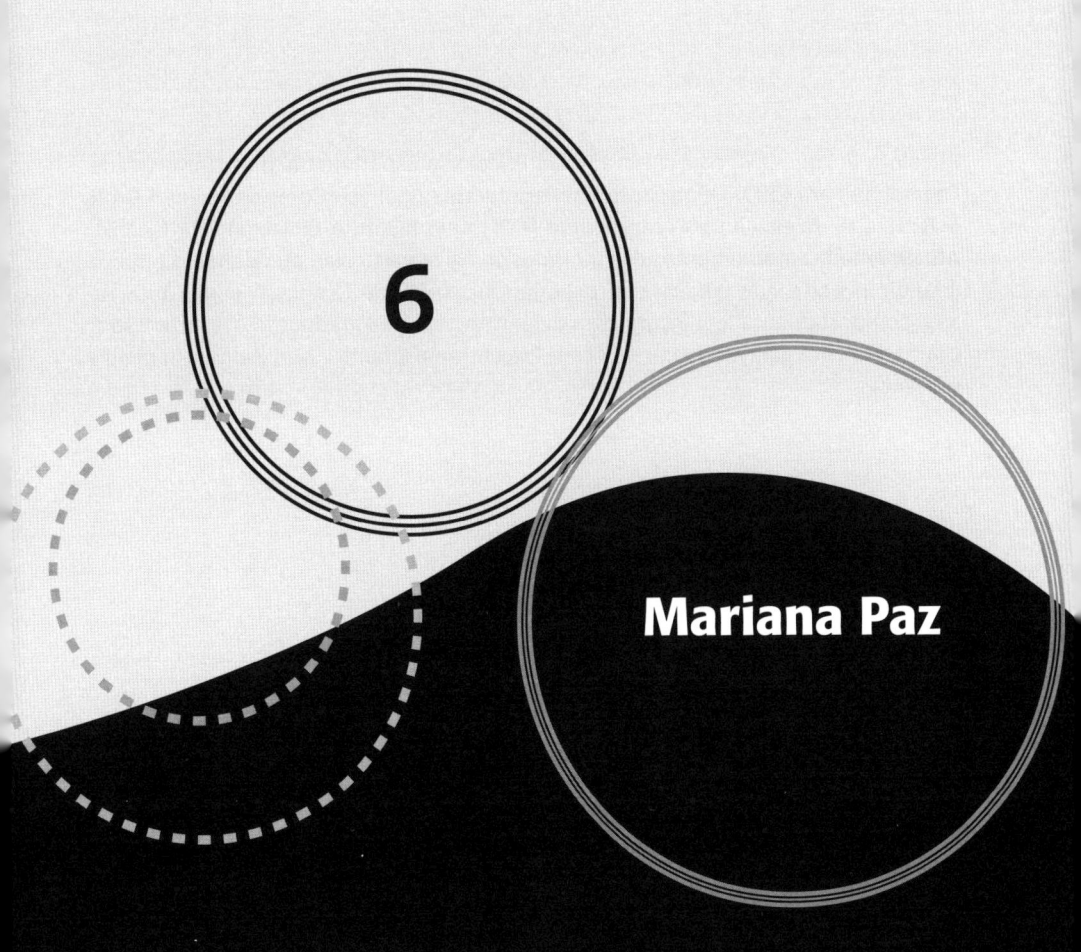

6

Mariana Paz

Mariana Paz

Psicóloga desde 2004, com mestrado em Psicologia Experimental pela Universidade Federal do Pará (2007). Formação em Psicoterapia Analítico-Comportamental (FAP) e Terapia de Aceitação e Compromisso (ACT) pelo Instituto Continuum (PR-2015). Atualmente faz atendimentos em clínica psicológica particular, atendendo o público infantil/ juvenil e suas famílias com experiência de mais de 12 anos. Ministra aulas na área comportamental em instituições de ensino para pós-graduação e é supervisora clínica. Ministra palestras e cursos sobre Psicoterapia Infantil e Mindfulness para pais e crianças.

O uso de estratégias *mindfulness* na clínica com crianças

Mindfulness pode ser definido como prestar atenção intencionalmente ao momento presente com aceitação e sem julgamentos. Esta definição envolve três elementos críticos:

1. Prestar atenção com propósito, trazendo consciência às experiências vivenciadas;

2. Contato com o momento presente, abrindo mão de estar conectado a situações do passado, apresentando ruminações, ou do futuro, preocupando-se com algo que ainda nem aconteceu;

3. Aceitação e não-julgamento, colocando-se no mundo de maneira aberta a toda e qualquer experiência que surgir sem que travemos uma luta contra aquela experiência. Desta forma, aumentamos as chances de desenvolvermos novos olhares e construirmos novas perspectivas diante das situações (Willard, 2016).

Bishop *et al.* (2004) *apud* Vandenberghe e Valadão (2013) afirmam que *mindfulness* significa estar atento ao momento presente de forma intencional e direta e destacam dois componentes. O primeiro é a regulação intencional da atenção, que consiste na suspensão da elaboração cognitiva (racionalização, análises, julgamentos e classificações intelectuais) e aumento da percepção imediata e da capacidade de processar mais informação sensorial.

O segundo componente é a orientação pela curiosidade, abertura e aceitação emocional com a disposição para viver a realidade plenamente. Outros autores, como Linehan (1993) e Schoendorff *et al.* (2011), defendem que observando as coisas com mais atenção e curiosidade, sem recorrer a categorias e regras para classificar e julgar, o indivíduo se tornaria mais tolerante aos contratempos que fazem parte da vida e mais flexível na resolução dos problemas.

Mindfulness ou atenção plena também pode ser definida como consciência, em que o nosso foco de atenção está voltado para o momento presente e livre de julgamentos, transformando a qualidade da nossa experiência, vivendo com consciência para realizarmos escolhas mais de acordo com os nossos valores. Com a prática contínua de *mindfulness*, passamos a ter oportunidades para criar uma intimidade maior com a nossa própria mente, aumentando as chances de entrarmos em contato com nossos recursos internos e desenvolvê-los (KABAT-ZINN, 2017).

A partir destas conceituações, pode-se denotar que não há uma única maneira de se definir *mindfulness*. No entanto, os elementos principais que compõem o conceito estão presentes em todas elas e se entrelaçam de forma complementar. Uma das características do *mindfulness* é que somente podemos aprender a estar no mundo de maneira *mindful* praticando, ou seja, vivenciando os exercícios experienciais, seja de maneira formal ou informal. Acessar os conceitos somente lendo a respeito não é suficiente para desenvolvermos os repertórios comportamentais que o *mindfulness* propõe e muito menos nos prepariam para ensiná-los para outras pessoas. Por este motivo, a experiência pessoal do instrutor ou terapeuta é fundamental para a efetividade do trabalho.

Mindfulness para crianças: por que e para quê?

A infância atual é diferente de toda e qualquer geração que já presenciamos e tivemos conhecimento. Novas contingências de reforçamento se configuraram tanto no âmbito familiar quanto em outros contextos de interação social das crianças. A forte influência das tecnologias no cotidiano das crianças, produzindo novas práticas lúdicas e culturais mediadas pelos conteúdos midiáticos e relações virtuais, assim como os novos espaços e funções ocupadas pelas famílias no mundo atual (voltadas para o trabalho e ocupadas por muitos compromissos e outras obrigações), tem produzido uma infância idiossincrática.

As interações interpessoais na infância contemporânea se estabelecem por meio de telas e testemunhamos, cada vez mais, uma geração de relações virtuais e menos presenciais. Os estilos de vida nas grandes cidades contribuem para este tipo de relação, pois vimos crianças sempre muito ocupadas e cheias de compromissos a cumprir, sobrando pouco espaço em suas vidas para brincar livremente. Diante destas contingências, observa-se uma tendência à apresentação de deficits comportamentais nas interações sociais entre pares e com adultos tais como dificuldades para esperar, para abrir mão de desejos e necessidades imediatas em prol do outro, para escolher ceder nas relações e para comportar-se orientado pela compaixão, aceitação, suavidade e amizade. Além disso, também se observam dificuldades em lidar com as próprias emoções e em identificar e descrever sentimentos, apresentando baixos repertórios de consciência sobre as suas próprias contingências de vida e baixa probabilidade em tomar decisões de maneira mais consciente. Excessos comportamentais também podem ser identificados como produtos deste contexto social da infância atual: repertórios de agressividade, reatividade emocional, sentimentos de ansiedade, intolerância à frustração, baixa frequência de repertórios de concentração e foco, assim como baixa frequência de repertórios de comportamentos criativos e inventivos.

A partir destas análises, pode-se afirmar que o desenvolvimento de habilidades *mindfulness* nas crianças se configura como uma ferramenta poderosa de prevenção e promoção de saúde mental.

A prática clínica psicológica com crianças e famílias pode se beneficiar do uso de intervenções *mindfulness* por possibilitar a organização de contingências favoráveis para o desenvolvimento de repertórios deficitários e promover contextos de mudança para repertórios em excesso.[1]

Willard (2016) aponta alguns aspectos em que o *mindfulness* atua e afirma de maneira sistematizada que pesquisas nesse tema mostram que há uma variedade de efeitos positivos nos âmbitos neurológicos, psicológicos, físicos, acadêmicos e comportamentais. De acordo com o autor, as intervenções *mindfulness* na clínica psicológica com crianças podem favorecer:

- Aumento da regulação emocional, diminuição da impulsividade e aumento do autocontrole sobre os próprios comportamentos;

- Melhora das relações interpessoais, desenvolvendo comportamentos de empatia e generosidade, além de se estabelecer relações de equilíbrio com outras pessoas e com o ambiente;

- Diminuição de sensações de ansiedade e aumento de sentimentos de autoconfiança, desenvolvendo novos recursos para lidar com frustrações e realizar escolhas mais conscientes e valorosas;

- Aprimoramento da atenção, foco e concentração;

- Ampliação de possibilidades para lidar com situações de estresse, melhora na resolução de problemas e redução na intensidade da ativação/excitação fisiológica geralmente induzida por essa emoção;

---

[1] Vale ressaltar que as terminologias "deficits comportamentais" e "excessos comportamentais" referem-se a conceitos da teoria da Análise do Comportamento e indicam baixa frequência de repertórios comportamentais efetivos e alta frequência de repertórios comportamentais inefetivos, respectivamente. Portanto, deficits e excessos comportamentais não apresentam caráter de julgamento de valor sobre quais comportamentos são corretos ou incorretos.

- Promoção de repertórios de autoconsciência, favorecendo a identificação e discriminação dos próprios padrões mentais e como os sentimentos e sensações se manifestam no corpo para que sejam capazes de lidar com eles com clareza e objetividade.

Mindfulness aplicado à clínica

A utilização de intervenções *mindfulness* na clínica com crianças e famílias pode ser entendida como uma ferramenta de produção de aceitação, validação e transformação. Diferentes modelos de psicoterapia Cognitivo Comportamental contemporâneos têm introduzido em seu leque de escolhas terapêuticas uma visão que explora a intersecção e a complexidade de diferentes processos subjetivos em contraponto à ênfase terapêutica clássica centrada na mudança cognitiva e comportamental (VANDENBERGHE e VALADÃO, 2013). Isso denota um novo corpo teórico para se realizar análises de casos clínicos e delineamento de caminhos terapêuticos. Ao invés de focarem na produção de mudanças, as intervenções centram-se na conscientização de contingências de vida do indivíduo e na transformação na maneira de se relacionar com seus sentimentos e pensamentos ("o mundo dentro da pele", como refere Skinner, B. F.). O indivíduo passa a estar com os seus comportamentos privados com *aceitação* de que eles acontecem da maneira que acontecem e sem a necessidade de travar uma luta contra eles, *validando-os*, ou seja, assumindo uma percepção contextualizada dos seus próprios eventos privados e encorajando o cliente a assumir sua própria perspectiva diante de si mesmo e do mundo. A Terapia de Aceitação e Compromisso (ACT) e a Terapia Dialética Comportamental (DBT) estão em consonância com estas premissas e apresentam os conceitos de aceitação e validação, utilizando-os como aliados no processo terapêutico. Analisar as ferramentas de validação e aceitação nos campos que envolvem a atuação do terapeuta é de extrema importância e estão intimamente relacionados com a perspectiva *mindfulness* de terapia.

A relação terapêutica é entendida como um instrumento de

análise e de intervenção nos processos terapêuticos e pode ser aprimorada a partir do estabelecimento de uma postura do terapeuta pautada na atenção plena ao momento presente, flexibilidade comportamental e psicológica e um comportamento de "tomar recuo"[2] acerca das suas avaliações e cognições preestabelecidas acerca dos fenômenos trazidos pelo cliente. Ao assumir um padrão comportamental *mindfulness* na sua interação com o cliente, o terapeuta poderá estar conectado com a perspectiva do cliente, sensível àquilo que for trazido, atento às próprias reações e sentimentos que surgem no momento presente e livre para construir, junto com o cliente, uma visão mais consciente sobre as necessidades dele e seus valores. Um dos caminhos para a construção de uma vida valorosa é o desenvolvimento e aprimoramento de padrões comportamentais *mindful*.

Possibilidades de estratégias *mindfulness* com crianças e famílias: descrição de intervenções

O uso de intervenções *mindfulness* com crianças no contexto clínico deve ser adaptado aos padrões comportamentais individuais da criança e às funções e objetivos terapêuticos da intervenção para o momento do processo. Dito de outro modo, devem-se realizar planejamentos de intervenção *mindful* com crianças de maneira consciente, após terem sido feitas análises sobre o caso, levantamento e testagem das hipóteses e clareza quanto aos objetivos das intervenções. As intervenções não devem ser automáticas, mas sim contextualizadas ao processo. Seguem possibilidades de estratégias *mindfulness* com crianças no contexto clínico. O quadro descreve os objetivos terapêuticos, a atividade e materiais utilizados, os processos envolvidos, sugestões de relatos verbais do terapeuta e prováveis efeitos das intervenções.

---

[2] A terminologia utilizada como "tomar recuo" foi utilizada pelos autores Vandenberghe e Valadão, 2013, para se referir ao comportamento de afastar-se de pensamentos e sentimentos, podendo observá-los e entender o seu significado mas sem acreditar neles. Esta premissa é defendida por Hayes et al. (2012), precursor da Terapia de Aceitação e Compromisso (ACT).

Objetivos terapêuticos	Atividade e Materiais	Intervenções e processos	Sugestões de relatos verbais do Terapeuta	Prováveis efeitos das intervenções
Identificar e reconhecer o funcionamento dos eventos privados	Pote da calma	Funciona como um estímulo discriminativo para a criança observar como os seus eventos privados acontecem - Ao sacudirmos o pote, os brilhos se movimentam rapidamente e podemos contar para a criança como os nossos pensamentos surgem de momento a momento nas nossas vidas -Explorar em que situações ela se sente assim, com os pensamentos "agitados" ou "confusos", assim Como os nossos sentimentos, que também podem estar intensos, como quando o pote está agitado -Identificar como, na maioria das vezes, os seus eventos privados surgem, que intensidade eles têm, de que tipo são, que efeitos têm sobre os seus outros comportamentos e quais são as suas tendências comportamentais nestes momentos.	- "Olha como os brilhos do pote estão mexendo rápido! Assim acontece com os nossos pensamentos e sentimentos, que podem ficam bem. - "Olha como os brilhos do pote estão mexendo rápido! Assim acontece com os nossos pensamentos e sentimentos, que podem ficam bem agitados e intensos em alguns momentos" - "Vamos lembrar de um dia em que você ficou assim (agite o pote), com os pensamentos acelerados ou confusos?/com sensações e sentimentos fortes?" – "O que poderia te ajudar a deixar que os brilhos descansassem no fundo do pote e permitisse que a sua mente ficasse assim, bem transparente e clara para escolher fazer aquilo que quisesse fazer?" - "Me mostre com a ajuda do pote como você está hoje" anterior, ele está sempre em movimento, assim como os nossos pensamentos"	Desenvolvimento de repertórios de familiaridade da criança consigo mesmo, de auto-observação e aumento das chances de desenvolvimento

Identificar os padrões de funcionamento dos próprios pensamentos	Nuvens do pensamento (papéis, tesoura e canetinhas coloridas)	Desenhar, junto com a criança, diversos formatos e cores de nuvens do céu que representam os pensamentos na nossa mente. Desenhamos nuvens grandes, pequenas, de chuva ou bem branquinhas como nos dias de sol, ou nuvens coloridas e alegres. Podemos escrever ou desenhar os conteúdos dos pensamentos dentro das nuvens e ir identificando quais deles são mais frequentes no cotidiano, quais são mais intensos, mais perturbadores, quais são tranquilos, alegres e quais são os efeitos que eles produzem na vida da criança.	- "Vamos olhar para o céu juntos? Já notou como as nuvens se movimentam e vão mudando de lugar? Assim são os nossos pensamentos na nossa cabeça" - "Os pensamentos são como as nuvens, eles passam e mudam. As nuvens não são 'paradas', os pensamentos não são verdades e não precisamos acreditar neles a todo momento. Eles podem nos pregar peças porque a nossa mente é feita para pensar muitas coisas. Eles são somente pensamentos, somente nuvens que passarão, assim como qualquer nuvem no céu. Elas sempre passam, não há sequer um momento em que o céu está igual ao momento anterior, ele está sempre em movimento, assim como os nossos pensamentos"	Transformar a função dos pensamentos para a criança para que ela possa "tomar recuo" sobre eles, estabelecendo uma nova maneira de relacionar-se. Estando conscientes sobre o funcionamento das nossas entes, estamos mais preparados para lidar com ela, menos propensos a reagir impulsivamente e com maior probabilidade de nos comportarmos em direção aos nossos valores.
Desenvolvimento de repertório de auto-observação de sensações corporais e dos sentimentos enquanto eles estão presentes	Venda nos olhos (venda, objetos com diferentes texturas, tamanhos, formatos e odores)	-Apresentar à criança a tarefa de descrever verbalmente características sensoriais dos objetos apresentados enquanto está vendado. -Observar e descrever as próprias sensações corporais, sentimentos e pensamentos que	- "Temos um desafio hoje. Vamos imaginar que você é um alienígena e que chegará à Terra mas não conhece nada do que existe aqui. Você terá que falar sobre as características dos objetos que receberá mas sem falar o nome do que é, está bem?"	Aumento de comportamentos de auto-controle e conscientização da relação das suas reações corporais e sentimentos com as próprias contingências de vida.

		surgem enquanto está realizando a atividade -Apresentar possibilidades de características tais como macia, dura, forte, lisa, grossa entre outras para auxiliar no processo de descrição.	- "A outra parte do desafio é você falar sobre os sentimentos que surgirem enquanto você estiver tocando o objeto, como curiosidade, impaciência, animação ou o que quer que seja" - "Também me contará os pensamentos que surgirem enquanto toca no objeto" -"Podemos exercitar esse desafio quando você estiver lá na sua escola ou na sua casa. Você poderá perceber os sentimentos e pensamentos que aparecerem quando alguma coisa marcante estiver acontecendo"	
Aquisição de repertórios de atenção à respiração	Atenção à respiração com o seu bichinho de pelúcia: exercício formal adaptado Um brinquedo ou um bichinho de pelúcia	Pedir à criança que escolha um bichinho de pelúcia para fazer o exercício junto com ela e o terapeuta também. Posicionar o bichinho em cima da barriga enquanto estiver deitado e observar o movimento da respiração enquanto ela acontece, seguindo com os olhos os movimentos da pelúcia. Contar juntos quantas vezes a sua pelúcia se movimenta e como o ar entra (inspiração) e sai (expiração), passando pelo nariz e enchendo o peito e a barriga.	"Você já percebeu como a sua respiração acontece? Você sabia que ela muda ao longo do dia a depender de como a gente esteja se sentindo?" "Vamos aprender hoje a estar de 'olhos abertos' e de 'coração aberto' para sentir e perceber como a nossa respiração acontece" "Você pode praticar em casa e ficar cada vez mais craque nisso. Então você pode usar essa habilidade quando você precisar durante o seu dia"	Melhora nas habilidades de percepção sobre si, sobre o outro e sobre o mundo. Aumento de comportamentos de autocontrole e diminuição de reatividade e impulsividade. Aumento da conscientização e responsabilização. Maior propensão a agir de acordo com os valores de vida.

Ilustração de intervenção *mindfulness* em um caso clínico infantil

Caso

Estrela (nome fictício), sexo feminino, nove anos. Filha de pais separados, reside com a mãe e a com a irmã de 13 anos, com quem tem uma relação muito conflituosa. Estabelece relações próximas tanto com o pai quanto com a mãe e tem uma história de apego dependente com a mãe, apresentando reações de ansiedade importantes quando precisa separar-se dela em situações cotidianas. Chega com a demanda principal de apresentação de crises de ansiedade ao se expor a situações comuns do seu dia a dia com aumento de frequência, intensidade e gravidade das crises nos últimos meses. Vinha apresentando medos intensos e pensamentos perturbadores que a levavam ao desespero, trazendo-lhe um grande sofrimento. Já não conseguia mais se alimentar direito, ir à escola e a cursos de que gostava antes nem brincar com seus amigos.

Relato de intervenção da terapeuta em uma pessoa com descrição das funções terapêuticas

Estrela: "Não quero entrar" Eu olho para fora e digo: "Quer me mostrar o seu boneco"? (com um sorriso tímido na boca). Ela vem até mim, encosta a sua cabeça no meu ombro e chora, chora copiosamente em meus braços. Peço para entrarmos. Entramos abraçadas. Ela chora alto, tremendo. (INTERVENÇÕES COM FUNÇÃO DE VALIDAÇÃO).

Estrela: "Eu não aguento mais, não quero mais viver, não aguento mais tudo isso todo dia, eu não vou mais aguentar, não vou conseguir, não quero mais ficar viva".

Chego perto, não falo nada. Convido-a a deitar a cabeça no meu colo. Ela ainda chora. E foi chorando pouquinho e foi parando, se acalmando.

Eu digo: "A sua respiração está aí, ela te consola, te traz de volta para você mesma e nunca te abandona porque ela está sempre com você. Te acalma." (INTERVENÇÃO VERBAL COM FUNÇÃO DISCRIMINATIVA PARA O COMPORTAMENTO DE VOLTAR A ATENÇÃO PARA A RESPIRAÇÃO E UTILIZÁ-LA QUANDO ESCOLHER).

Eu digo: "Conheço o que acontece com você. Todos os dias você tem recebido a visita de um furacão. Às vezes um furacão muito forte, que leva com ele tudo pela frente, destrói tudo. Outras vezes um furacão menorzinho, mas ainda assim um furacão. Às vezes um sopro, um ventinho que a gente já acha que vai se transformar em um furacão e vem o desespero já antecipando que ele vai chegar. (INTERVENÇÃO VERBAL QUE DESCREVE AS CONTINGÊNCIAS DE VIDA PRESENTES; FUNÇÃO DE AQUISIÇÃO DE REPERTÓRIOS DE 'TOMAR RECUO' DOS SEUS PRÓPRIOS EVENTOS PRIVADOS).

Continuo: "Bem, já sabemos que o furacão anda te visitando... a visita dele não é bem-vinda, eu sei. E o que vem para você como uma solução para o problema é que ele deixe de existir, que você deixe de existir" (RELATO DE VALIDAÇÃO).

Chorei junto com ela. Ainda bem. Porque foi naquele momento que nos unimos, que nos conectamos, que ela sentiu o quanto eu me importava, o quanto a queria bem.

Eu digo: "Sabe, eu estou chorando porque eu não queria que isso estivesse acontecendo com você, porque é muito duro ouvir isso de você. Porque eu gosto de você demais e quero você aqui, com a gente". (INTERVENÇÃO COM FUNÇÃO DE PROMOVER CONEXÃO, ABERTURA, COMPAIXÃO E AMIZADE).

Peguei dois lenços de papel, um para mim e outro para ela. Continuo: "Vamos nós duas nos confortar e nos acalmar porque temos que falar sobre isso. Eu irei te entender em tudo que você me disser e te ajudar em tudo que você precisar. Ouça com atenção: a resposta é não. Eu nunca, jamais irei te apoiar em morrer. Nunca irei concordar que a morte é solução. Nunca. Jamais".

Enquanto isso ela olha nos meus olhos e eu nos dela. Os nossos olhos se enchem de lágrimas novamente. E damos um novo abraço. Um abraço de consolo, um abraço de vida.

"Bem, a vida pode ser muito dura. Sabe, andei pensando o que podemos fazer para dar mais vida à vida. Vamos comigo?" (INTERVENÇÕES COM FUNÇÃO DE SUBLINHAR O PODER REFORÇADOR DE EMITIR COMPORTAMENTOS EM DIREÇÃO A VALORES DE VIDA E AUMENTO DA MOTIVAÇÃO PARA A TRANSFORMAÇÃO E MUDANÇA).

Conclusão

O uso de estratégias *mindfulness* na clínica com crianças mostra-se de grande valia e se coloca como um aspecto central que rege as análises e intervenções nos casos clínicos infantis. As terapias cognitivo-comportamentais contemporâneas têm cada vez mais se utilizado de estratégias *mindfulness* e estas são consonantes com ações terapêuticas voltadas para um olhar que explora a coexistência de diversas formas de ser no mundo. Buscam-se escolhas terapêuticas pautadas em intervenções de aceitação, validação, abertura, transformação, autoconhecimento e flexibilidade psicológica. Estas possibilidades de ação terapêutica no contexto clínico com famílias e crianças mostram-se especialmente efetivas por produzirem contingências favoráveis de conexão nas relações e de interações mais valorosas, o que se mostra essencial para a melhora dos estados psicológicos dos sistemas familiares na atualidade. Os aspectos levantados pela terapia *mindfulness* podem ser somados à literatura tradicional e promover contribuições importantes para a efetividade das intervenções terapêuticas com crianças e famílias, constituindo-se em uma poderosa ferramenta de promoção e prevenção de saúde. Portanto, sugere-se o aprofundamento de estudos que possam tornar mais claras as possibilidades de análise e intervenções pautadas nas propostas *mindfulness* com crianças e famílias.

Referências

FRIARY, V. **Mindfulness para crianças**. Estratégias da terapia cognitiva baseada em mindfulness. Novo Hamburgo: Sinopsys, 2018.

KABAT-ZINN, J. **Atenção Plena para iniciantes.** Tradução de Ivo Korytowski. Rio de Janeiro, Sextante, 2017.

SNEL, E. **Quietinho feito um sapo**: exercícios de meditação para crianças (e seus pais). Tradução de Fabienne W. Mercês. 1 Ed. Rio de Janeiro: Bicicleta Amarela, 2016.

VANDENBERGHE, L.; VALADÃO, V. C. Aceitação, validação e mindfulness na psicoterapia Cognitivo Comportamental contemporânea. *Revista Brasileira de Terapias Cognitivas*. 9 (2) pp. 126-135, Goiás, 2013.

VANDENBERGHE, L.; ASSUNÇÃO, A. B. Concepções de mindfulness em Langer e Kabat-

Zinn: um encontro da ciência Ocidental com a espiritualidade Oriental. *Contextos Clínicos*, 2 (2): 124-135, julho- dezembro, 2009.

WILLARD, C. **Grouwing up mindful**: Essentials Practices growing to help children, teens, up and families find balance, mindful calm and resilience. Boulder, Colorado: Sounds True, 2016.

Promovendo inteligência emocional para pais e pacientes

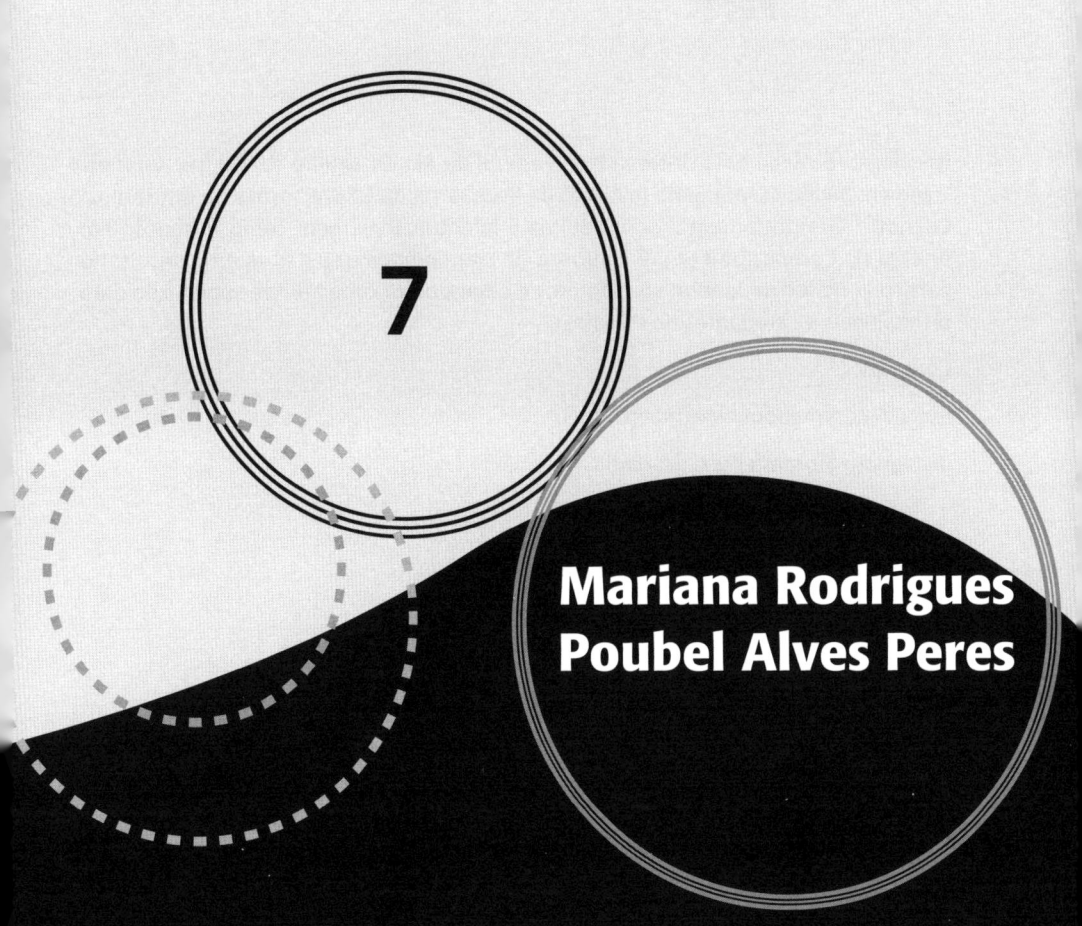

7

**Mariana Rodrigues
Poubel Alves Peres**

Mariana Rodrigues Poubel Alves Peres

Psicóloga, formada pela Universidade Federal do Rio de Janeiro (UFRJ), possui mestrado em Saúde Mental pelo Instituto de Psiquiatria da UFRJ e formação em Terapia Cognitivo Comportamental para adultos e infantojuvenil, bem como formação em Análise do Comportamento. É colunista do site *Comporte-se* e atua em consultório particular no Rio de Janeiro com adultos e casais, bem como atende supervisão para profissionais e estudantes de Psicologia.

Contatos:

E-mail: marianapoubel@gmail.com

Instagram: eforamfelizes_acadadia

Promovendo inteligência emocional para pais e pacientes

Para a criação e formação das crianças, caberá aos pais e/ou demais responsáveis um contínuo aperfeiçoamento de seu autoconhecimento e sua regulação emocional, a fim de promover gradativamente e de forma consistente uma inteligência emocional em si próprios e em seus filhos. Esse será um trabalho árduo que exigirá um investimento contínuo. O primeiro embasamento se dará a partir do conhecimento das leis gerais do comportamento, para posteriormente haver uma construção e refinamento de autoconhecimento e regulação emocional. Os princípios comportamentais têm seu embasamento em anos de pesquisas laboratoriais e ensaios clínicos e se mostram extremamente eficazes e consistentes no que se refere à educação de crianças e adolescentes. O autoconhecimento consiste propriamente no conhecimento acerca de si mesmo, o qual se molda a partir da história individual de cada sujeito e pode ser aperfeiçoado a partir do processo terapêutico. Já a regulação emocional pode ser entendida como "um processo capaz de influenciar as emoções que temos, quando as temos e como será nossa experiência e expressão das mesmas" (GROSS, 2002).

Quando chegam demandas infantojuvenis no contexto clínico é relativamente comum que o psicólogo se depare com uma expectativa por parte dos responsáveis de que ele seja o grande solucionador das dificuldades e preferencialmente em um período de tempo que seja o mais breve possível. Além disso, a descrição trazida para o comportamento tido como problemático costuma vir acompanhada de rótulos ou explicações fatalistas e generalistas. Frases como: *"O meu filho só faz coisas para me provocar"*, *"Isso tudo é culpa do gene ruim da família do pai (ou da mãe)"*, *"Ninguém dá jeito nessa criança"* são alguns exemplos de falas que comumente aparecem nos consultórios. O objetivo familiar de uma solução rápida e instantânea passa a ser o primeiro tópico de intervenção terapêutica, uma vez que ao pensarmos numa queixa precisaremos de um olhar amplo, não determinista e que vá além da mera topografia do problema. Precisaremos atentar a sempre olhar os nossos pacientes como indivíduos singulares e não como um transtorno a ser resolvido ou eliminado. Caberá ao psicólogo esclarecer os pais, ainda que eles não sejam a única fonte de influência e formação de seus filhos, são a primeira e por muitas vezes a mais potente no estabelecimento de regras, valores e concepções de si e do mundo.

A topografia (a forma como a demanda se manifesta) é apenas uma das maneiras possíveis de expressão de um problema, e para o profissional o que será verdadeiramente importante em seu processo de análise e intervenção será a função do comportamento. Ao ouvirmos ou observarmos um comportamento estamos tendo acesso apenas à topografia do mesmo e não a sua função. Sendo assim, precisamos ter a clareza de que podemos obter uma mesma topografia comportamental com diferentes significados. Podemos exemplificar através do choro infantil, que pode significar desde dor física, tristeza ou ainda algum tipo de busca de atenção. Essa análise do clínico pautará seu olhar para além de uma queixa simplista e objetiva para se basear na maior quantidade possível de coleta de dados, da forma mais detalhada possível e que os correlacione a eventos e suas relações.

Como nenhum comportamento se manifesta no vácuo e de

forma aleatória ou sem sentido, caberá ao profissional identificar em uma espécie de quebra-cabeça as partes perdidas que constroem a demanda trazida. As "peças" primordiais se encontram nas regras, percepções e ações familiares, relacionamentos sociais e escolar. Por isso, sempre que possível será recomendado que o mesmo extrapole o atendimento para um espaço extra-consultório, se fazendo presente, por exemplo, no ambiente escolar da criança ou adolescente, conversando com as demais pessoas que convivem com eles, como coordenadores ou professores, e dando-lhes assim um maior arsenal de dados de diferentes fontes. A partir dessa coleta mais amplificada torna-se possível uma melhor descrição acerca do caso, bem como das intervenções a serem efetivadas.

Podemos encontrar de forma mais efetiva as tais "peças" perdidas ao nos basearmos no entendimento da ciência comportamental que nos descreve que todo comportamento humano perpassa por três instâncias: biológica, histórico-individual (ontogênese) e social (sociogênese).

> "Em suma, então, o comportamento humano é o produto conjunto de: a) contingências de sobrevivência responsáveis pela seleção natural das espécies, e b) contingências de reforçamento responsáveis pelos repertórios adquiridos por seus membros, incluindo c) contingências especiais mantidas por um ambiente cultural evoluído" (SKINNER, 2007).

Partindo do pressuposto que todo ser humano nasce com uma carga biológica única e intransferível, fica-nos evidente a necessidade de não negligenciarmos tal fator como uma influência poderosa acerca dos comportamentos individuais. Esse componente pode sinalizar uma maior ou menor tendência a sensibilidade e reatividade emocional. Tal característica não é determinista, mas sim sinaliza uma determinada tendência comportamental. A carga histórica individual aponta para todas as experiências vividas e suas representações, que também contêm em si elementos extremamente particulares e individualizados. Já os grupos sociais aos quais pertencemos com que interagimos também nos apontam para características que temos, construímos e mantemos. Não se trata de dividir o que seria a integralidade das ações humanas em três partes iguais e equivalentes, e sim atentar para qual instância está mais em voga e influenciando mais diante de cada experiência que se apresenta. Com essa noção esclarecida e estabelecida, podemos partir para a construção do saber que perpassa todos os demais e que constrói o alicerce do início e manutenção das mudanças alcançadas com o processo da terapia: o autoconhecimento.

Autoconhecimento: o desafio de aprimorar a si mesmo

O autoconhecimento se refere ao comportamento de saber descrever o próprio comportamento, a partir de auto-observação, bem como observação dos contextos envolvidos em sua ação. Para a instalação e refinamento deste processo, dependemos da comunidade verbal em que estamos inseridos desde o nosso nascimento (pais, parentes, amigos, vizinhos...), uma vez que a linguagem é um comportamento com ampla origem social e através dela aqueles com os quais interagimos passam a nos fazer perguntas que começam a refinar a nossa auto-observação, tais como:

- Como você está?
- O que está sentindo?
- O que deixou você chateado?, dentre outras.

A manutenção e desenvolvimento desse novo repertório de autoconhecimento serão influenciados pelas características e reações da comunidade verbal em que o sujeito está inserido. Ou seja, a partir de reações que motivem e reforcem tais descrições o indivíduo passará a ampliar de forma contínua o seu repertório. Já em grupos em que isso seja tratado de forma indiferente ou até receba algum tipo de invalidação e punição constantes, o indivíduo passará a apresentar um repertório mais limitado. Dessa forma, "diferentes comunidades geram tipos e quantidades diferentes de autoconhecimento e diferentes maneiras de uma pessoa explicar-se a si mesma e aos outros" (SKINNER, 1974/2006, p. 146).

Um primeiro desafio ao aprimoramento do autoconhecimento dos pais se refere ao fato de muitas vezes os mesmos não se verem como parcela integrante da queixa trazida. A família muitas vezes enxerga a criança ou adolescente como o agente problemático e necessitado de mudança, como que de forma independente. Caberá ao psicólogo construir com todos a ideia de que a família representa uma grande teia, que com seus emaranhados permeia todos os seus integrantes das mais variadas maneiras. Nenhum ser humano sai neutro de uma interação com alguém e o efeito dela será extremamente particular para cada um. Além disso, todas as ações realizadas cotidianamente pelos adultos serão perceptíveis à criança ou adolescente, e mesmo que sejam problemas "de adulto" e não diretamente relacionados a elas propriamente não quer dizer que não serão percebidos e/ou entendidos de alguma maneira. Esses esclarecimentos trazem uma responsabilização de seus atos para com todos os envolvidos, bem como tiram o peso de uma queixa familiar somente a um integrante.

Diante dessa responsabilização coletiva, o trabalho pela mudança também poderá seguir seu caminho, com os pais se engajando em mudar suas percepções e principalmente determinadas ações. Essa tarefa não será fácil, pois algumas de suas ações têm raízes em sua própria história familiar pregressa e consequentemente naquilo que sempre foi considerado "normal" em seus ensinamentos. Sendo assim, muitas vezes argumentarão no sentido de que "eu passei por isso e não morri" ou "educação boa era aquela de antigamente" e assim por diante. Não se trata de depreciar ou questionar experiências pessoais, mas sim se pautar no que os estudos mais recentes em Psicologia apontam na direção de uma disciplina mais positiva e menos coercitiva. A terapia não visa mudar valores ou aquilo que cada indivíduo entende que é bom e faz sentido para si, mas determinadas ações educativas como bater e/ou depreciar verbalmente não constroem indivíduos mais fortes como outrora se pensava.

> "Os princípios independem dos valores, da idade, do gênero da criança e da composição familiar. Eles foram pesquisados e testados em milhares de estudos e nos fornecem um ótimo guia, que aos poucos você pode adaptar a seus próprios valores e características" (WEBER, 2017, pp. 15).

Uma das noções mais primordiais na ótica comportamental é a noção de reforço e punição, e junto com ela todos os seus efeitos nos princípios educacionais. A frequência de determinado comportamento (ou a probabilidade de sua ocorrência) é determinada por suas consequências. O reforço positivo se refere à utilização de acréscimos/ganhos para a criança/adolescente diante de ações apropriadas que tenha realizado. Tais ganhos não se restringem nem mesmo priorizam o âmbito material, dando-se preferência a ganhos sociais (como saídas) ou afetivos (como elogios ou trocas físicas de afeto). Além disso, é imprescindível que o mesmo tenha o seu efeito para a criança/adolescente e não meramente para aquilo que os pais considerariam como reforçador. A distinção mais efetiva entre reforço e punição se refere à utilização de reforço com a proposta de aumentar a frequência de determinado comportamento, enquanto a punição para a diminuição da frequência do mesmo.

A punição, especialmente a de ordem física, é vista como uma prática não efetiva para o processo educacional, pois não cria repertório alternativo a quem recebe a punição, mostrando apenas que determinada ação está errada e não deve ser realizada, mas não traz alternativas do que é efetivamente esperado. "A punição enfoca o erro e não ensina o certo (SKINNER, 1993), e assim, o comportamento pode deixar de ser emitido por algum tempo, mas não necessariamente há a aprendizagem de qual deve ser o comportamento adequado" (WEBER, 2008, pp. 16). Para os pais fica a percepção que a punição "funcionou", pois há o suposto enfraquecimento do comportamento indesejado. Porém, longe do agente que aplica a punição, o comportamento pode continuar a ocorrer e, principalmente, não se gera uma alternativa comportamental adequada, que nos sinaliza sua não eficácia.

É preciso ressaltar que qualquer comportamento considerado disfuncional que persista ao longo do tempo traz consigo consequências reforçadoras para os envolvidos, ainda que esta análise possa não estar completamente evidente e clara para os mesmos. Essa noção por muitas vezes pode ser extremamente difícil para pais e cuidadores assimilarem, afinal, eles têm tentado de todas as formas mudar o comportamento inadequado do filho, e de repente o psicólogo chega e diz que eles são parte daquele comportamento disfuncional? Sim, e isso não quer dizer que eles o sejam de forma consciente, no sentido de que provavelmente eles não desejariam reforçar o inadequado, mas por desconhecerem essa análise mais global podem acabar fazendo-o de forma inconsciente, no sentido de não atentarem e perceberem suas atitudes. Um exemplo disso pode ser quando o filho executa algum comportamento adequado como tirar uma nota boa na escola, chega todo feliz em casa mostrando o boletim e os pais, por sua vez, não reconhecem esse seu feito, ignoram ou quem sabe ainda desmerecem dizendo que "não faz mais que sua obrigação, afinal você só estuda". Se, por outro lado, quando essa mesma criança arruma confusão na escola, os pais são chamados, e ao chegarem em casa dispensam a ela toda a atenção necessária para saber o que aconteceu podem sem querer atentar e consequentemente exaltar mais o comportamento inadequado em detrimento do adequado. Claro que o comportamento inadequado merece atenção, mas é importante ressaltar que feitos, conquistas e comportamentos adequados também. "Assim, as crianças ficam com a sensação de que não vale a pena fazer tudo certinho, afinal, se agem de maneira adequada o mais das vezes, não recebem qualquer estímulo" (ZAGURY, 2014, pp. 59). Além disso, por vezes os indivíduos permanecem fazendo as mesmas coisas por não possuírem repertório para consegui-los de outra forma.

O envolvimento parental na terapia será fundamental para o andamento do caso, uma vez que sem isso não haverá mudança efetiva na gênese e manutenção da queixa. Deficits comportamentais dos pais acarretarão deficits ou excessos comportamentais nos filhos. Afinal, ninguém pode exercer aquilo que não aprendeu ou, dito de outra forma, ninguém pode dar aquilo que não tem. A boa notícia é que sempre podemos aprender ou aperfeiçoar habilidades e o espaço terapêutico está apto a este serviço.

Na construção do processo de autoconhecimento, muitas vezes a descrição do que incomoda e de algo que não vai bem é mais facilmente levantada pelos pais e pela própria criança/adolescente do que aquilo que realmente buscam para a produção e manutenção do bem-estar individual e familiar. Caberá ao psicólogo trazer a proposição da inversão desta lógica, em que a prioridade será sobre aquilo que se deseja alcançar e como traçar o caminho necessário para se chegar até lá, com menos foco sobre um relato repetitivo e ruminativo sobre aquilo que está trazendo incômodo.

Compreendendo e aprimorando a forma de lidar com as emoções

Uma primeira medida no que se refere à parte emocional da criação dos filhos é a necessidade de um amor incondicional da parte dos pais. Tal amor não se pauta nos feitos dos filhos ou no que eles podem oferecer, mas sim na sua mera existência. Por serem singulares e principalmente por serem seus filhos os pais passam a ter o compromisso de os amarem. "A gente consegue amar incondicionalmente quando separa a pessoa do comportamento. Nesse sentido não é interessante comparar uma criança com a outra. Cada criança e cada filho são únicos" (WEBER, 2017, pp. 22). Essa pode ser uma experiência extremamente desafiadora, pois exige dos adultos deixarem a sua racionalidade em segundo plano para simplesmente sentirem e exercitarem essa emoção.

Todos os indivíduos nascem com um repertório biológico prévio para responder a algumas situações de forma incondicional, bem como com a possibilidade de reagir de forma respondente a novas circunstâncias que se apresentem. Porém, "apesar de nascermos com uma fisiologia emocional, não nascemos sabendo nomear cada emoção" (POUBEL & RODRIGUES, 2018, pp. 181).

Aprendemos desde a mais tenra infância a reconhecer números, cores e o alfabeto. Da mesma maneira desenvolvemos a fala. Concomitantemente, juntamos esses dois aprendizados e assim também acontece com as nossas emoções. Afinal, nomear, descrever e detalhar nossas emoções é um aprendizado complexo, multifacetado, que se refina a cada dia e que depende de uma naturalização daquilo que pensamos e sentimos. Além disso, a experiência emocional perpassará todas as instâncias de nossa vida e, por isso, terá papel fundamental no desenvolvimento adaptativo dos indivíduos. Nesse sentido, caberá primariamente aos pais (ou demais responsáveis que passem mais tempo com a criança) o exercício de estimular a identificação, nomeação, expressão e regulação emocionais destes indivíduos.

O primeiro aprendizado acerca das emoções se dará nos exemplos mais simples e cotidianos do dia a dia, especialmente em como os ambientes onde a criança convive reagirão às suas expressões verbais e não verbais das emoções. Todo o processo de psicoeducação acerca dos conteúdos emocionais na terapia deverá enfocar não necessariamente apenas nos pais e sim naqueles responsáveis e/ou ambientes onde a criança ou o adolescente passa boa parte de seu tempo de convivência, seja com avós, empregadas ou na escola.

É preciso esclarecer que por mais que a experiência emocional se dê primeiramente no âmbito privado, ou seja, primeiro sentimos algo "dentro de nós mesmos", a sua expressão seguinte poderá ser pública e sendo assim passível de ser reforçada ou punida. Um primeiro ensinamento terapêutico perpassará pelo fato de as emoções não precisarem ter necessariamente uma valência positiva ou negativa e sim apenas serem sentidas como verdadeiramente o são. Trata-se de expressões físicas do nosso corpo e, como tal, a nossa convivência poderá ser mais descritiva e menos taxativa ou rotulatória. Portanto, uma criança ou adolescente que se emociona diante de algo que a entristeceu não é "uma chorona" ou "fraca" ou "boba". Tais rótulos apenas a aprisionam sem ensinar alternativas comportamentais para lidar com essa emoção sentida.

Além disso, o controle emocional irrestrito na tentativa de suprimir ou eliminar emoções pode ratificar a ideia de existirem emoções "boas" ou "más", bem como pode trazer a instalação e manutenção de comportamentos disfuncionais que tentam a todo custo evitar a ocorrência das mesmas. Há pesquisas que mostram inclusive que o processo de validação e segurança emocional experimentados pelas crianças advindos de seus pais resultarão em níveis emocionais mais elaborados e adaptativos (PINTO, CARVALHO & SÁ, 2014).

As experiências emocionais difíceis como tristeza, raiva ou ciúme são universais, no sentido de que todos os indivíduos em algum momento de suas vidas terão algum grau de contato com as mesmas. "A universalidade da emoção sugere que o paciente não está sozinho (todos têm emoções difíceis) e que emoções penosas fazem parte da condição humana e parte de viver uma vida completa" (LEAHY, 2016, pp. 24). Na realidade devemos analisar o contexto e a intensidade em que elas se apresentam, para que possamos aprender mais sobre elas e principalmente sobre a nossa forma de lidar. Afinal, seu aparecimento em nossas vidas tem por objetivo nos sinalizar algo acerca do que estamos vivendo naquele momento. Quanto mais conhecermos acerca de cada emoção, melhor poderemos descrevê-las, assim como identificar os gatilhos que as disparam e fazer este mesmo exercício com as demais pessoas. Assim sendo, um melhor autoconhecimento e regulação emocionais também contribuem para o exercício da empatia, que é nossa capacidade de se colocar no lugar do outro. Todo esse processo deverá ser trabalhado com os responsáveis e com a criança ou adolescente, tanto de forma independente (cada qual refinando e aprendendo acerca de si, de suas emoções e da melhor forma de lidar com elas), quanto de forma integrada (de como aplicar tais conhecimentos no relacionamento familiar).

Os pais precisarão ficar muito atentos para o fato de que seus filhos estarão sempre observando os seus comportamentos, e, portanto, incoerências em como os adultos requerem que seus filhos se comportem em comparação às próprias atitudes muito provavelmente serão percebidas e até sinalizadas por eles. Portanto, é essencial que os pais sejam bons modelos de tolerância e resolutividade de frustrações, conflitos e demais emoções difíceis de lidar.

Será essencial trabalhar com o paciente (seja ele o responsável, a criança ou o adolescente) a ideia de que não temos o poder de restrição ou controle voluntário sobre o fato de sentir algo, mas podemos sim ressignificar a nossa interpretação sobre essa emoção ou mesmo sobre os eventos que a dispararam. Trata-se de uma regulação emocional, e não um controle. A noção da involuntariedade do surgimento das emoções pode ser algo extremamente novo ou diferente para boa parte dos pacientes, pois, ainda que isso possa nos parecer óbvio, o sentir pode ser uma experiência tão intensa ou desconfortável que torna essa análise distante. Esse esclarecimento traz a possibilidade de transformar o tão comum relato dos pacientes de desejar não sentir determinada emoção para regular a forma de lidar com o sentir.

Um exemplo comum é a fala de que é ruim ficar triste ou com raiva, como se esses sentimentos não devessem aparecer. Porém, o que se propõe terapeuticamente é que quando eles aparecerem possamos tratá-los como sinalizadores de aspectos importantes da vida e de nós mesmos, mais do que algo a ser evitado ou eliminado. "O objetivo não é 'sentir-se bem', mas a capacidade de sentir tudo (...) inclusão das emoções – mesmo emoções 'depreciadas', como raiva, ressentimento, ciúme e inveja – e a aceitação dessas emoções como parte da complexidade da natureza humana" (LEAHY, 2016, pp. 8). Além disso, essa regulação emocional também envolverá um ajuste sobre as percepções dos responsáveis para com a criança ou adolescente ou vice-versa. Afinal, "um aspecto de grande importância está no fato de não só saber o que fazer para educar bem, como também saber se o que está sendo feito é interpretado pela criança como se espera" (WEBER, PRADO, VIEZZER & BRANDENBURG, 2004).

Outro ponto importante sobre as emoções será a respeito de sua durabilidade, e o fato de serem em sua maior parte breves ou mesmo que durem mais tempo não permanecerão para sempre. A ideia é que essa noção seja gradativamente apresentada ao paciente, da forma mais empática e metafórica possível, afinal, dita de maneira objetiva pode parecer extremamente invalidante para com o sofrimento alheio. Uma boa metáfora comumente utilizada é apresentar a visão das emoções como ondas dentro de um grande mar aberto. Umas serão mais altas, outras mais baixas, outras quebrarão de forma mais rápida e outras mais lentas, mas, independentemente de sua forma, estarão presentes no grande mar da vida, e caberá a nós aprendermos a nadar ou mesmo surfar diante de todas as suas modalidades.

As emoções por muitas vezes podem ser experiências tão intensas e que disparam tantos correlatos físicos que têm a possibilidade de se tornar algo desconfortável e limitante por quem o sente. Quando esse alguém é uma criança ou adolescente pode ser ainda mais difícil que a sua percepção alcance a temporalidade provisória das emoções e principalmente a noção de que podemos agir mesmo quando estamos tristes, com medo, com raiva ou com qualquer emoção que seja, e que nossa ação deverá ser guiada pelo que queremos e faz sentido para nós, e não pelo que a emoção do momento apresenta.

A promoção de mudança cognitiva e comportamental visará o aperfeiçoamento das mais diferentes habilidades, como de autocontrole (controle de ações que produzam efeitos indesejáveis, bem como favorecimento da execução de ações desejadas) e regulação emocional (capacidade de regular a si apesar do desconforto diante de determinadas situações). Tais habilidades precisarão ser trabalhadas não somente com a criança ou adolescente, mas também com os pais, afinal, o efeito mais poderoso de aprendizado se dará pelos exemplos, mais do que meramente por uma regra formal ou teórica. Cabe aqui diferenciar os efeitos da aprendizagem por contingências, ou seja, por vivência direta, daquela por regras, mais ligada a instruções prévias. No caso da primeira, é capaz de produzir comportamentos mais habilidosos, uma vez que o sujeito aprendeu tal ação pela prática e por sua própria experiência. Além disso, é mais sensível a possíveis mudanças nas contingências que sinalizem sobre a necessidade de uma adaptação comportamental. Já a aprendizagem por regras é mais rápida e limita a quantidade de contato com estímulos aversivos, porém, produz comportamentos com menor capacidade de adaptação e flexibilidade.

Os princípios que regem uma educação com inteligência emocional se baseiam em pequenas e contínuas ações cotidianas por parte dos pais ou responsáveis. Não se trata de grandes ações, mas sim ações consistentes e contínuas e que podem ser continuamente aperfeiçoadas. Só que esse é justamente o grande desafio: mantermos uma linearidade ainda que com atitudes diferentes. Trata-se de unir consciência, consistência e coerência em prol de uma educação positiva e satisfatória. Se um filho faz uma birra, a necessidade primária será de limite, enquanto que, caso ele sofra uma perda, por exemplo, com um mau desempenho escolar e esteja em sofrimento genuíno, sua necessidade maior será de afeto. Essa é a eterna dialética parental entre limite e afeto.

A expressão de afeto por parte dos pais para com os filhos pode se dar das mais diferentes formas, seja pela troca de carinho, pela expressão verbal carinhosa do quanto o filho é amado e querido, mas também pelo compartilhamento e acolhimento das emoções que eles sentem, sejam elas agradáveis ou não. Se a criança ou adolescente se sente aberta a compartilhar suas emoções desagradáveis poderá se sentir menos sobrecarregada ao ter tais emoções, bem como isso poderá trazer uma relação mais próxima entre pais e filhos. Nesse sentido, o cuidado parental para com os filhos envolverá o desenvolvimento ou aprimoramento de uma comunicação assertiva. Tal modalidade "(...) é clara, sem julgamentos e procura soluções" (RODRIGUES, 2015, pp. 103). Isso favorecerá o aprendizado por parte da criança ou adolescente de uma forma adequada de se expressar que trará efeitos positivos em cadeia. Afinal, "se aprendermos juntos a comunicar-nos, passaremos isso adiante e propagaremos o novo comportamento de comunicar-se efetivamente, contribuindo para a construção do bem-estar e diminuindo significativamente os colapsos passivos, as explosões de raiva e as vinganças sigilosas" (RODRIGUES, 2015, pp. 105). Além disso, essa comunicação precisa também ser exercitada não somente por parte de um dos responsáveis para com a criança, mas também dos responsáveis entre si. Ou seja, é preciso uma concordância entre os pais de quais são os comportamentos desejáveis ou não pela criança ou adolescente. Sem esse entrelaçamento bem estabelecido pode ficar confuso qual é a regra prevalente e que deve ser seguida. "Boa comunicação requer muita fala e muita escuta por parte de todos os membros da família" (CLARK, 2009, pp. 28).

Partindo desse princípio da importância da comunicação e da forma de criar os filhos, Baumrind propôs a partir de suas pesquisas a divisão em três modalidades que espelham a forma como os pais se relacionam com seus filhos: autoritativo, autoritário e permissivo. O modelo mais recomendado pela autora seria o autoritativo, que congrega por parte dos pais racionalidade, diálogo e escuta empática para com a criança ou adolescente. Nessa modalidade os pais entendem que seus filhos têm suas próprias opiniões ou interesses e merecem ser ouvidos, mas isso não os restringe de manter seus posicionamentos e suas regras enquanto pais. Os pais com estilo autoritário enfocam seus princípios educacionais a partir da obediência e de normas e regras absolutistas, a custo da utilização de condutas punitivas em caso de desobediência por parte da criança ou adolescente. Já os permissivos se mostram abertos de forma irrestrita aos desejos e necessidades da criança ou adolescente, não tendo um parâmetro ou direcionamento previamente desejado de como o mesmo deveria se portar (WEBER, PRADO, VIEZZER, BRANDENBURG, 2004). Analisando as diferenças dos três tipos de modelos parentais, um dos pontos centrais envolve a habilidade dos pais de darem vez e voz a seus filhos sem que isso signifique perderem de vista quais são os comportamentos possíveis e permitidos. Trata-se de sintonizar de forma cuidadosa o momento de ouvir os próprios filhos com o momento de falar e se posicionar mais firmemente.

A necessidade de dar voz aos filhos é de suma importância para estimular a criança ou adolescente a reconhecer aquilo que deseja, de se expressar e negociar a respeito, e ao abrirem este espaço os pais estarão ensinando que aceitam e respeitam as emoções de seus filhos, sem que isso signifique serem permissivos com a forma como expressarão. "Crianças devem aprender a reconhecer seus sentimentos e a expressá-los sem serem agressivas, chatas ou atacarem verbalmente" (CLARK, 2009, pp. 179). Em paralelo a essa escuta ativa e empática, os pais devem aprender a oferecer comandos de forma eficaz, ou seja, usando uma linguagem direta (daquilo que deseja que ela faça ou não faça), firme e que se sustente de forma eficaz mesmo com o passar do tempo.

Investir de forma contínua no cuidado para com os filhos se relaciona ao que chamamos de "investimento parental", que se define a partir do cuidado biológico e psicológico dispensado pelos pais a seus filhos, em maior ou menor grau. Tal cuidado se relacionará as suas práticas educativas e por consequência ao desenvolvimento infantil (WEBER, 2008). Esse investimento pode ser percebido de várias formas, e uma delas se refere à atenção genuína e integral dispensada pelo responsável a seu filho. Não basta que o pai ou a mãe estejam no mesmo espaço físico que o filho. Trata-se de estar e transformar essa ocasião em um tempo de qualidade.

Ainda que os fatores que influenciam nossos comportamentos sejam multideterminados, pesquisas mostram que os estilos parentais utilizados na criação dos filhos produzirão grandes efeitos ao longo da vida destes indivíduos. Os frutos de uma criação com pais que equilibram limites e afeto podem ter os mais diferentes efeitos positivos, inclusive na formação de sujeitos que lidam com problemas de forma mais otimista ou que se expressam socialmente de forma mais produtiva (WEBER, BRANDENBURG & VIEZZER, 2003; WEBER, PRADO, VIEZZER & BRANDENBURG, 2004).

Técnicas para auxílio da intervenção terapêutica

1. Conceitualização do caso: se refere à análise que o profissional monta do caso a partir do levantamento de dados atuais da vida do paciente, bem como de seu histórico. Tal elaboração é de suma importância para um melhor entendimento do caso e posterior roteiro de intervenções.

2. Descoberta guiada: o profissional, por meio de questionamento socrático, apresenta aos pais e/ou adolescente perguntas que auxiliam na reflexão de suas ações. Tais questionamentos não visam responder perguntas no sentido unidirecional de respostas objetivas como sim ou não. Mas, sim, trazer um princípio de mudança através do autoconhecimento e de uma mudança cognitiva, ou seja, uma mudança não somente dos pensamentos em si, bem como da forma de percebê-los. No caso do atendimento infantil, esse trabalho se dará de forma mais lúdica, através essencialmente de imagens ou jogos.

3. Psicoeducação: apresentação de modelos emocionais por meio de vídeos, imagens, músicas ou textos previamente selecionados pelo profissional com uma linguagem compatível ao público-alvo. Tais materiais podem ser encontrados por meio de buscas na internet com enfoque no tema desejado, e podem se valer de linguagens mais lúdicas e acessíveis como charges, animes ou vídeos curtos em canais do YouTube. O objetivo é trazer um conhecimento teórico com uma linguagem adequada ao público leigo.

4. Construção de materiais: o profissional elabora junto com o paciente (pais ou criança/adolescente) esquemas que particularizam a explicação das ações de acordo com aquele caso. Essa construção pode ser iniciada a partir de registros feitos pelo paciente em casa, no intervalo entre sessões, e complementada na sessão feita com o terapeuta, bem como pode-se juntar a técnica anterior e buscar particularizar a

mesma. Cabe aqui salientar que as tarefas de casa podem ser especialmente benéficas no atendimento infantojuvenil por possibilitarem o envolvimento e registro de toda a família baseados no ambiente cotidiano. Além disso, possibilitam uma visão mais concreta dos progressos alcançados, uma vez que se revisem tarefas anteriormente realizadas.

5. Validação: não seria uma técnica propriamente dita, mas é tão essencial quanto qualquer uma das anteriores. Trata-se do exercício profissional desafiador de empatizarmos com os pais, a criança ou o adolescente, antes mesmo de qualquer proposta de mudança. Com esse exercício de genuinamente se colocar no lugar do outro, o profissional continua a redescobrir novas maneiras de melhor aperfeiçoar a sua prática de forma mais individualizada e humanizada. Afinal, "aquele que ousa ensinar não deve jamais cessar de aprender" (JOHN COTTON DANA).

É importante frisar que toda e qualquer técnica escolhida exigirá do profissional uma prévia bagagem teórica. Ou seja, o processo de formação é algo contínuo e constante no exercício do profissional clínico. A bagagem trazida pela formação acadêmica da graduação é apenas um primeiro passo dado em direção ao exercício da profissão. Além disso, mais do que meramente seguir fórmulas teóricas preestabelecidas de intervenção, faz-se essencial que cada estudante em fase de estágio ou já formado encontre elementos singulares de sua atuação, bem como adaptar materiais, teorias e intervenções a cada caso, particularizando assim a demanda e tornando cada atendimento uma experiência singular. O questionamento que deve sempre estar presente é: "Estou ajudando o meu paciente?". Tal ajuda significa se ele estará se tornando um indivíduo com maior autoconhecimento e com maior congruência entre aquilo que deseja alcançar e aquilo que faz neste sentido. No caso da clínica infantojuvenil, o desafio ganha um elemento a mais, que é o treino constante da empatia para com os pais. Afinal, por mais que nossa análise técnica aponte para erros dos mais básicos nas noções de reforço ou punição, não podemos nos esquecer que por trás daquele responsável há um indivíduo com suas habilidades e dificuldades, e que na maior parte das vezes estará tentando arduamente fazer o seu melhor pelo filho. "Educar os filhos é uma das tarefas mais instigantes, trabalhosas e estressantes do planeta. É também uma das mais importantes, pois através dela se marca profundamente a próxima geração" (KABAT-ZINN, 1998, pág. 27).

A Psicoterapia não tem por objetivo suprir todas as necessidades ou dificuldades de quem a procurou e sim visa promover o desenvolvimento de habilidades que possam habilitar o indivíduo a lidar com as novas dificuldades que forem surgindo ao longo da vida mesmo após o encerramento dos atendimentos. No caso da clínica infantojuvenil, as divergências entre o adulto responsável e a criança ou adolescente encontrarão sempre novos desafios, como uma espécie de nova fase a cada tempo que passa.

Referências

BAUM, W. M. (2006) **Compreender o Behaviorismo**: comportamento, cultura e evolução. 2. ed. Porto Alegre: Artmed.

CLARK, L. (2009). **SOS Ajuda para Pais** - Um guia prático para lidar com problemas de comportamento comuns do dia-a-dia. Rio de Janeiro: Cognitiva.

CONTE, F. C. de S. (2010). Reflexões sobre o sofrimento humano e a análise clínica comportamental. *Temas em Psicologia*, vol. 18, n. 2. Ribeirão Preto.

GROSS, J. J. (2002). Emotion regulation: Affective, cognitive, and social consequences. *Psychophysiology*, 39, pp. 281–291

KABAT-ZINN, M. & KABAT-ZINN, J. (1998). **Nossos filhos Nossos Mestres**. 4. ed. Rio de Janeiro: Editora Objetiva.

LEAHY, R. L. (2016). **Terapia do Esquema Emocional** - Manual para o Terapeuta. Porto Alegre: Artmed.

PINTO, H. M.; CARVALHO, A. R.; SÁ, E. N. (2014). Os estilos educativos parentais e a regulação emocional: Estratégias de regulação e elaboração emocional das crianças em idade escolar. *Análise Psicológica* (2014), 4 (XXXII), pp. 387-400.

POUBEL, L. & Rodrigues, P. (2018). **Manual da inteligência psicológica para felicidade integral**. 1. ed. Rio de Janeiro: Letras e Versos.

RODRIGUES, M. (2015). **Educação Emocional Positiva**: Saber lidar com as emoções é uma importante lição. Novo Hamburgo: Sinopsys.

SELIGMAN, M. E. P. (2012). **Florescer**: uma nova compreensão sobre a natureza da felicidade e do bem-estar. Rio de Janeiro: Editora Objetiva.

SKINNER, B. F. (1974/2006). **Sobre o Behaviorismo**. São Paulo: Cultrix.

SKINNER, B. F. (2007). Seleção por consequências. *Revista Brasileira de Terapia Comportamental e cognitiva*, vol.9(1). São Paulo.

WEBER, L. (2017). **Eduque com carinho**: Equilíbrio entre amor e limites. 6. ed. Curitiba: Juruá.

WEBER, L. (2008). **Família e desenvolvimento**: Visões Interdisciplinares. Curitiba: Juruá.

WEBER, L. N. D.; PRADO, P. M.; VIEZZER, A. P.; BRANDENBURG, O. J. (2004). Identificação de Estilos Parentais: O Ponto de Vista dos Pais e dos Filhos. *Psicologia: Reflexão e Crítica*, 17(3), pp.323-331.

WEBER, L. N. D.; BRANDENBURG, O. J.; VIEZZER, A. P. (2003). A relação entre o estilo parental e o otimismo da criança. *Psico-USF*, 8(1), pp. 71-79.

ZAGURY, T. **Limites sem trauma – Construindo cidadãos**. 92. ed. Rio de Janeiro: Record.

Terapia do Esquema Emocional Infantojuvenil

8

Renata Alves Paes

Michele Santos da Silva

Renata Alves Paes

Psicóloga pela Universidade Federal do Rio de Janeiro (UFRJ), mestrado e doutorado em Neurologia pela Universidade Federal do Estado do Rio de Janeiro (Unirio). Atualmente está no pós-doc na Unirio. Psicóloga cognitivo comportamental e neuropsicóloga. Sócia-fundadora da NeuroReapsi. Professora e supervisora de estágio do Centro Universitário Anhanguera Niterói e Universidade Salgado Oliveira. Professora da pós em Neuropsicologia do IBMR e em Neuropsicopedagogia e Neuropsicologia pela Censupeg. Facilitadora do Programa Australiano FRIENDS. Tutora do Cogmed.

Contato:
E-mail: renataa.paes@globo.com | Site: www.neuroreapsi.com.br

Michele Santos da Silva

Psicóloga, formada pelas Faculdades Integradas Maria Thereza (FAMATH) em 2014, mestre em Neurociências pela Universidade Federal do Estado do Rio de Janeiro (Unirio) em 2017. Especialista em Terapia Cognitivo Comportamental pelo Instituto WP EAD em 2018. Sócia-fundadora da clínica psicoterápica e de avaliação neuropsicológica reabilitação Neuroreapsi em Niterói-RJ, docente em Terapia Cognitivo Comportamental e Neuropsicologia pela Neuroreapsi, professora mestre nas Faculdades Maria Thereza.

Contato:
E-mail: michele.santos.coach@gmail.com | Site: www.neuroreapsi.com.br

Terapia do Esquema Emocional Infantojuvenil

A desregulação emocional na infância e na adolescência está associada a diversos comportamentos externalizantes disfuncionais e quadros psicopatológicos. As queixas variam de dificuldade em dormir no próprio quarto, em dividir as coisas, seguir ordens e regras, interação social e quadros como ansiedade, depressão, irritabilidade e agressividade.

O grande desafio clínico é: "Como ajudar os indivíduos a lidarem com suas emoções?" Sejam elas positivas ou negativas. Eles devem controlá-las, suprimir ou aceitar.

A terapia de esquema emocional (TEE) tem como objetivo ajudar os clientes a usarem suas emoções para a construção de uma vida satisfatória, desenvolvendo estratégias de enfrentamento funcionais. Desta forma, a saúde mental não é promovida pela eliminação das emoções, mas por sua identificação, aceitação e convivência.

Para falar sobre TEE na infância e adolescência precisamos entender o que são as emoções e sua finalidade; definir a regulação emocional, discutir o impacto da influência parental e ambiental nestes comportamentos, além de apresentar a importância de serem ensinadas estratégias adaptativas de regulação emocional precocemente por ser a fase de infância/adolescência.

Emoções

As emoções podem ser classificadas como positivas e negativas, primárias ou secundárias. São acompanhadas de alterações fisiológicas, respostas motoras e mudanças na expressão facial. A capacidade de expressar as emoções é inata, ou seja, a expressão de emoções primárias costuma ser idêntica em todos os povos. Porém, o contexto cultural e a história individual demonstram exercer influência predominante sobre a avaliação de quais estímulos provocam emoções e em quais momentos pode-se ou deve-se expressar quais emoções.

Destacamos as emoções primárias como raiva, tristeza, medo, nojo, surpresa, felicidade. E emoções sociais ou secundárias que são influenciadas pela sociedade e cultura, como a vergonha, o ciúme, a culpa, compaixão, embaraço, simpatia, orgulho.

Por exemplo, uma criança leva seu brinquedo novo para a escola onde os pais recomendam que não deixe ninguém pegar, só olhar. Na escola a criança empresta ao colega e ele quebra o brinquedo. Se a criança reage com raiva, culpa o colega e o ameaça de alguma forma, a relação entre eles ficará estremecida. Se, ao contrário, ela começa a demonstrar a insatisfação e pensam juntos como resolver, a relação tende a não ficar tão abalada. Neste caso, observamos as consequências do ocorrido, em que geralmente a tendência dos pais é responsabilizar seus filhos e rotulá-los como "relaxados" ou "bobos". As famílias não pensam que a criança já está frustrada com a perda do brinquedo e que de acordo com a faixa etária tem mais ou menos recursos de manejar esta situação, por falta de habilidades sociais e de resolução de problemas.

Neste caso cabe aos pais manejar suas próprias emoções com relação à perda do brinquedo do filho, entender como ele se sente, explorar formas de solucionar este problema com o filho e de colocá-lo em prática. Com o avançar da idade, as crianças vão desenvolvendo um conceito das emoções mais elaborado, vivenciando emoções mais específicas e passando a considerar melhor as emoções negativas. Tornam-se, assim, capazes de refletir sobre suas emoções e agir melhor em relação a elas.

As emoções permitem avaliar o ambiente de forma rápida, preparar e motivar as pessoas para a ação, configuram-se como forma de expressão que indicam aos outros as intenções pessoais e auxiliam no manejo das relações sociais. Sendo assim, sinalizam a necessidade de mudar ou ajustar o comportamento diante dos desafios ambientais e identificar as necessidades intrapessoais e interpessoais de curto e longo prazo.

Ao identificar e nomear emoções básicas e expressões faciais e comportamentais, a criança torna-se mais competente para se engajar em estratégias de regulação emocional, aprimorando suas relações interpessoais.

Terapia do esquema emocional

A terapia focada no esquema emocional (TEE) se apoia na teoria de Greenberg e em sua ênfase na experiência, expressão, avaliação das emoções primárias e secundárias; na relação das emoções às necessidades e valores. Segundo Leahy (2013), é uma terapia metaemocional na medida em que avalia diretamente as crenças e como funcionam as emoções.

Leahy (2016) afirma que cada cultura tem seus mitos sobre as emoções que levam ao uso de estratégias não adaptativas de regulação emocional. Emoções como tristeza, ansiedade, raiva, ciúme, ressentimento e inveja são universais e tidas como difíceis, penosas e más. Na TEE, os indivíduos influenciados pela cultura julgam suas emoções e apresentam reações ou estratégias comportamentais para lidar com elas. Chamado de *esquema emocional,* essas crenças apresentam as emoções como permanentes, que comprometem toda a vida do sujeito e que precisam ser ocultadas por serem inadmissíveis socialmente. Estas estratégias funcionam a curto e não a longo prazo. Por exemplo, ruminações, preocupações, comportamentos de automutilação, compulsões, descontrole de impulso, sempre como forma de esquiva emocional e comportamental. O reconhecimento dessa universalidade das emoções e a desconstrução de que não existem emoções "boas" ou "más", positivas ou negativas podem ser o primeiro passo para normalizar, validar e encorajar a aceitação, em vez de julgar, suprimir, escapar delas ou evitá-las.

Reconhecer, nomear e diferenciar as emoções pode produzir estratégias adaptativas como tolerância, aceitação, expressão verbal e manejo de situações difíceis. Afinal as emoções difíceis fazem parte da condição humana. Assim, a forma como o indivíduo interpreta e avalia suas emoções é decisiva para a escolha da estratégia de manejo adaptativa ou não.

Na TEE, o objetivo não é que o paciente se sinta feliz ou livre da tristeza ou ansiedade (LEAHY, 2016). As emoções neste sentido são vistas como adaptativas e por isso cabe ao paciente ser capaz de sentir tudo. A regulação da emoção pode incluir estratégia de enfrentamento problemática ou adaptativa. E no caso da forma adaptativa cabem estratégias de manejo antecedentes à emoção ou focadas na regulação das respostas emocionais (fisiológicas e comportamentais). São adequadas estratégias de reestruturação cognitiva, aprendizagem de como expressar as emoções de forma favorável e ao desenvolvimento de flexibilidade psicológica.

Ensinar a crianças e adolescentes técnicas de regulação das emoções é uma das estratégias fundamentais para prevenção e tratamento na infância e adolescência.

Torna-se de grande importância o uso de técnicas e modelos de regulação das emoções e do comportamento para a eficácia do tratamento, uma vez que a Psicoterapia com crianças e adolescentes apresenta demandas específicas de cada caso e a necessidade da flexibilidade no uso de técnicas e procedimentos.

A inclusão dos pais e responsáveis pela criança no processo

terapêutico é fundamental para a eficácia do tratamento, pois são eles que auxiliarão a criança a perceber seus esquemas emocionais disfuncionais e também passarão a perceber seus próprios esquemas, na garantia de aprenderem melhor sobre suas próprias demandas emocionais e o quanto isso desencadeia a desadaptação emocional dos que com eles convivem, auxiliando dessa forma a criança a organizar a forma como ela se percebe, como percebe o outro e percebe o mundo de forma saudável.

Mindfulness para regulação das emoções

A metodologia Mindfulness, originária das tradições orientais, é utilizada na Psicologia como uma ferramenta para aumento do bem-estar físico e emocional. É um conjunto de técnicas que nos permite ter uma maior percepção do que estamos vivenciando ao nosso redor e do que ocorre dentro de nós mesmos. Esta ferramenta nos auxilia quando, muitas vezes, esquecemos de perceber o momento presente, dando ênfase e nos preocupando com o futuro ou sobrecargas (ruminações) do passado, não evidenciando para o que está acontecendo no presente momento, diante de nossos olhos e percepções.

Cada vez mais realizamos coisas de forma automática e ensinamos nossas crianças a viverem do mesmo modo, não lhes permitindo perceber e desfrutar do que acontece no dado momento de suas vidas. E com isso passamos a atropelar os pensamentos e as emoções, não tomando ciência do que e como sentimos em cada instante, podendo gerar ciclos de hábitos disfuncionais como a inabilidade social e a falta de assertividade ou, ainda, passarmos a ser julgadores cruéis de nossos pensamentos e emoções, quando percebidos, o que impacta, por exemplo, no que a criança pensa, quando pensa e como acha que o outro pensa sobre meu comportamento.

O ideal é sempre iniciar a Psicoterapia com uma prática de Mindfulness para que o cliente possa ter maior consciência de si e de tudo que será falado e tratado na consulta com o psicoterapeuta. Iniciamos pedindo ao cliente que observe como está sua respiração naquele momento, e perceba tudo que sente ao estar ali. Nem sempre o cliente se sente à vontade com esta técnica e relata ansiedade, angústia pela percepção de sua respiração e das emoções que surgem naquele momento. Informamos que tudo bem ele se sentir dessa forma e que faz parte do trabalho terapêutico naquele momento. Aos poucos vamos incentivando o paciente a respirar de forma mais lenta, para que sua respiração alcance o diafragma e indicamos esta prática como tarefa de casa a ser realizada durante toda a semana, anotando os dias e horários em que realizou a respiração e como se sentiu ao realizar a técnica. Como material psicoeducativo, damos ao cliente informativos de capítulos de livros e outros materiais que expliquem o que é Mindfulness e como essa prática pode auxiliá-lo no dia a dia. Ao fazê-lo, o cliente pratica em paralelo, muitas vezes, técnicas de atenção plena.

Levando em consideração que crianças desde muito cedo aprendem a externalizar suas emoções, ainda que não saibam identificá-las, faz-se necessária e de grande importância uma intervenção precoce em educação emocional, uma vez que tal prática auxilia a longo prazo no controle e reconhecimento das emoções, competências e resiliências para uma vida repleta de bem-estar, autoestima e motivação, fatores importantes para a manutenção da saúde mental e regulação emocional.

Ficha psicoeducativa de Mindfulness para o paciente

Mindfulness envolve um processo que necessariamente precisa de um início, um meio, mas não precisa ter um fim. O ideal é que essa prática se torne cada vez mais habitual e automática na sua vida e que seja realizada quantas vezes for preciso ao longo do dia. Quanto mais se pratica, mais ela se torna um comportamento automático e prático, como dirigir ou andar de bicicleta.

Não existe um modelo único de prática de Mindfulness, você pode realizar da forma que fique mais à vontade ou mesmo de diferentes formas em um mesmo dia, por exemplo, em Yoga para crianças e variadas formas de meditações infantis. Pode ser praticada em qualquer momento do dia, por exemplo, prestando atenção a um lanche que esteja fazendo ou ao local em que esteja passando de carro ou a pé.

No consultório faremos técnicas de Mindfulness mais rápidas e lúdicas, na intenção de ensiná-lo a prática de atenção plena, o que não o impede de realizar outros modos fora do consultório.

Mindfulness lhe permite viver a vida de forma mais plena prestando atenção e estando mais consciente nas simples tarefas do dia a dia, como acompanhar e sustentar a atenção na explicação que a professora transmite, sem perder o pensamento e a atenção para o que acontece fora de sala de aula, é conseguir estar por completo em uma roda de amigos, sem a dispersão do pensamento que o faz imaginar outras coisas enquanto um amigo do grupo está falando.

O objetivo principal desta prática é mantê-lo saudável, com a sensação de bem-estar e comprometido com a sua saúde física e emocional. No início da prática, é comum uma sensação de relaxamento, mas no decorrer das realizações pode acontecer de você não se sentir tão relaxado com o que percebe sobre si mesmo, mas isso é positivo e sinal de que alguma mudança está acontecendo. Através da prática de Mindfulness você pode perceber sua respiração e ansiedade perante uma prova e tomar consciência do seu estado emocional de forma a equilibrar os sentimentos e pensamentos para que possa realizá-la de forma mais plena e eficaz.

Referências

LEAHY, R.; TIRCH, D.; NAPOLITANO, L. (2013). **Regulação emocional em psicoterapia**: um guia para o terapeuta Cognitivo Comportamental. Porto Alegre: Artmed.

_____ (2016). **Terapia do Esquema Emocional**: Manual para o terapeuta. Porto Alegre: Artmed.

ROEMER, L. & ORSILLO, S. M. (2010). **A prática da terapia Cognitivo Comportamental baseada em mindfulness e aceitação**. Porto Alegre: Artmed.

STEEGE, H.; TERWOGT, M. M. (2009). Awareness and regulation of emotion in typical development. In: Gross, JJ (Ed.). *Handbook of emotion regulation*. New York: The Guilford Press, p. 269-286.

Atendimento familiar com Terapia do Esquema

9

Thais Cristina de Castro Conde Galvão

Thais Cristina de Castro Conde Galvão

Graduada em Psicologia pela Universidade Metodista de São Paulo, 2000; especialista em Administração de RH pela Universidade Monte Serrat; especialista em Atendimento Familiar Sistêmico e Psicanálise pela Universidade Católica de Santos. Formação em Terapia do Esquema e Psicologia Positiva pelo Núcleo Aplicado de Psicologia Positiva. Cursando Especialização em Terapia do Esquema pela Cognitivo.

Funcionária pública do Estado de São Paulo no atendimento a adolescente infrator desde 2003. Psicóloga clínica e supervisora na abordagem de Terapia do Esquema, presencial (Santos/SP) e online. Fundadora do Portal Relacionando-se.

Contato:

Site: Portal Relacionando-se http://portalrelacionandose.com.br

Atendimento familiar com Terapia do Esquema

Neste capítulo eu gostaria de compartilhar com vocês a minha experiência no atendimento de crianças e adolescentes na companhia de suas famílias, utilizando-se a abordagem em Terapia do Esquema.

Primeiramente, gostaria de dizer que não atendo criança e adolescente sem o acompanhamento familiar, pois eles não possuem Esquemas em razão de estarem em formação. A criança e o adolescente são apenas os pacientes identificados, ou seja, ao diagnosticar a repetição de padrões familiares e tratar os esquemas dos pais ou cuidadores podemos ter uma melhora do quadro sintomático.

Minha experiência de 19 anos de clínica me faz perceber que a maioria dos casos envolvendo criança e adolescente sem a família ocasiona a interrupção do atendimento. Isso ocorre quando há uma melhora sintomática que denuncia a disfunção familiar.

Com o tempo, a instituição familiar foi mudando de contexto e atualmente sua configuração não é apenas nuclear (pais e filhos). Outras constituições são igualmente reconhecidas como famílias (avós, tios, amigos etc.). Portanto, nós, terapeutas, temos que ampliar a clínica e entender que outras pessoas, que não os pais, podem ter um papel significativo na vida de uma criança ou adolescente, sendo necessárias durante um atendimento familiar. Entenda que não estou excluindo os pais ou cuidadores deste processo, mas sim ampliando este olhar terapêutico para auxiliar na reparação parental da criança e do adolescente.

Barbara Fredrickson (2015) escreve sobre o amor, como respeito e admiração. Um estado momentâneo que flui por sua mente e corpo, indo além de questões biológicas. Vamos imaginar uma criança com pais alcoolistas e abusadores que é cuidada por outras pessoas, não no sentido de guarda, mas no sentido amoroso. Ao se trabalhar terapeuticamente com ela é importante chamar este cuidador de modo a ampliar sua rede de apoio e o entendimento da problemática, considerando que por muitas vezes os pais não possuem condições internas de exercer este papel.

Isto se torna muito claro na minha experiência com adolescentes infratores, em que é comum pais com transtornos arraigados não conseguirem ofertar o cuidado necessário para o bom funcionamento psíquico dos adolescentes em questão.

Lembro-me de um caso em que, durante o atendimento do adolescente, tento mostrar a necessidade de mudança em seu comportamento e o mesmo me relata que se o fizesse perderia suas referências, visto que todos os seus familiares, vizinhos e amigos eram envolvidos com a criminalidade.

Confesso que naquele momento eu questionei tudo que já havia estudado durante minha profissão, entendendo a dor daquele jovem que por não ter expandidas suas redes de apoio se via aprisionado pela sua condição. Meu papel neste caso era encontrar alguém que lhe ofertasse amor genuíno e a reparação parental necessária, visto que não adiantaria trabalhar os Esquemas paternos.

Será que dentro desta nova visão do que é amor podemos considerar que estes pais amavam esta criança? Eu sei o que você deve estar pensando e eu já pensei do mesmo modo que você, de que todos os pais amam seus filhos independentemente de sua condição emocional, mas peço que se desprenda destes preconceitos e aceite que muitas vezes a condição psíquica destes pais não permite nem amar a si, o que dificulta seu amor ao próximo.

Mas afinal o que é Terapia do Esquema? E como utilizá-la a nosso favor em nossa clínica?

A Terapia do Esquema, desenvolvida em meados da década de 1990 por Jeffrey Young, vem contribuir com o modelo psicoterápico da terceira geração, visto que é uma proposta inovadora, que integra abordagens como a Psicanálise, a teoria do apego, a Terapia Cognitivo-Comportamental e a Gestalt, de modo a ampliar o atendimento psicoterápico para pacientes com transtornos de personalidade arraigados e questões caracterológicas do eixo I.

No norte da teoria de Young estão os **Esquemas Desadaptativos Remotos (EDRs)**, definidos como comportamentos repetitivos, rígidos e inflexíveis, formados através de memórias, emoções e sensações corporais relacionadas à percepção de si e do outro. São remotos por ter seu início na infância e desadaptativos por apresentaram padrões autoderrotistas.

Estes Esquemas são desenvolvidos na infância através de experiências nocivas com pais, cuidadores e/ou outros que geram falta de autonomia, competência e sentido de identidade; liberdade de expressão, emoções e necessidades válidas; espontaneidade e lazer; limites realistas e autocontrole.

Segundo Young (2008), existem 18 Esquemas divididos em cinco domínios. Vou falar rapidamente sobre os mesmos para elucidar este capítulo.

Simbolicamente, os domínios seriam como caixinhas diferenciadas em tons de cinza, cada caixinha tem uma característica que a descreve e dentro delas são colocados os esquemas característicos a seus padrões.

Domínios

Desconexão e rejeição – incapacidade de formação de vínculos seguros e satisfatórios;

Autonomia e desempenho prejudicado – experiências sobre si e sobre o mundo que o tornam incapaz de se diferenciar dos pais e viver experiências de modo independente;

Limites prejudicados – falta de desenvolvimento de limites internos adequados em relação a reciprocidade ou autodisciplina;

Direcionamento para o outro – enfatiza a necessidade do outro em lugar das próprias necessidades;

Supervigilância e inibição – suprime sentimentos e impulsos, esforçando-se para cumprir regras rígidas internalizadas.

Sua teoria ainda está em evolução e vem sendo ampliada para o tratamento de outras dificuldades, como dependência de drogas e prevenção do adoecimento psíquico das crianças e adolescentes, juntamente com sua família. Igualmente, alguns estudos falam da mudança de cinco para apenas quatro domínios.

Modelo atual (cinco domínios)	Modelo em estudo (quatro domínios)
Desconexão e rejeição	Desconexão e Rejeição
Autonomia e desempenho prejudicados	Autonomia e desempenho prejudicados
Limites prejudicados	Limites prejudicados
Direcionamento para o outro	Responsabilidades e padrões excessivos
Supervigilância e inibição	

Obs.: conteúdo tirado do artigo em Inglês com tradução da autora.

Esquemas Desadaptativos Remotos

Abandono/instabilidade – percepção de instabilidade nos vínculos com indivíduos importantes;

Desconfiança/abuso – percepção de que as pessoas irão usá-los para fins egoístas;

Privação emocional – desejo de conexão emocional do indivíduo não será satisfeito;

Defectividade/vergonha – sentimento de ser falho, ruim, inferior ou imprestável, não sendo digno do amor do próximo;

Isolamento social/alienação – sentimento de ser diferente e isolado do mundo, não pertencendo a grupos ou comunidade.

Dependência/incompetência – crença de que não é capaz de dar conta das responsabilidades sem ajuda;

Vulnerabilidade ao dano ou à doença – medo exagerado de que uma catástrofe iminente cairá sobre si e não poderá evitar;

Emaranhamento/self subdesenvolvido – intimidade em excesso com uma ou mais pessoas, gerando dificuldade de individuação e desenvolvimento social normal;

Fracasso – crença de que fracassou ou fracassará;

Arrogo/grandiosidade – crença de superioridade, de que não tem de seguir regras, ou que tem direitos especiais;

Autocontrole/autodisciplina insuficiente – dificuldade ou recusa de tolerar frustrações ou limitação excessiva das suas emoções e impulsos;

Subjugação – submissão excessiva ao controle dos outros;

Autossacrifício – foco excessivo nas necessidades do outro à custa da sua própria gratificação;

Busca de aprovação/reconhecimento – busca de aprovação, reconhecimento ou atenção das outras pessoas à custa do desenvolvimento de um self seguro e verdadeiro;

Negativismo/pessimismo – foco generalizado, que dura toda a vida, em aspectos negativos, negligenciando aspectos positivos ou otimistas;

Inibição emocional – inibição excessiva da ação, dos sentimentos ou da comunicação espontânea;

Padrões inflexíveis/postura crítica exagerada – crença de que se deve fazer um grande esforço para atingir elevados padrões internalizados de modo a evitar críticas;

Postura punitiva – crença de que as pessoas devem ser punidas com severidade quando cometem erros.

Modelo Atual (18 Esquemas)	Modelo em estudo (18 Esquemas)
Abandono/instabilidade	Abandono/instabilidade
Desconfiança/abuso	Desconfiança/abuso
Privação emocional	Privação emocional
Defectividade/vergonha	Defectividade/vergonha
Isolamento social/alienação	Isolamento social/alienação
Dependência/incompetência	Dependência/incompetência
Vulnerabilidade ao dano ou à doença	Vulnerabilidade ao dano ou à doença
Emaranhamento/self subdesenvolvido	Emaranhamento/self subdesenvolvido
Fracasso	Fracasso
Arrogo/grandiosidade	Arrogo/grandiosidade
Autocontrole/autodisciplina insuficiente	Autocontrole/autodisciplina insuficiente
Subjugação	Subjugação
Autossacrifício	Autossacrifício

Busca de aprovação/reconhecimento	Busca de aprovação/reconhecimento
Negativismo/pessimismo	Negativismo/pessimismo
Inibição emocional	Inibição emocional
Padrões inflexíveis/postura crítica exagerada	Padrões inflexíveis/postura crítica exagerada
Postura punitiva	Postura punitiva

Estes Esquemas Desadaptativos são ativados, na vida adulta, através de gatilhos mentais de vivências infantis desprazerosas.

Você nunca viveu a experiência de sentir um perfume que lhe traga uma lembrança desprazerosa da vida pregressa e sentiu um desconforto que não soube explicar o motivo?

Pois é: você aciona um gatilho mental, ativando um Esquema Desadaptativo. Estas experiências são vividas de acordo com o temperamento inato de cada um.

Young *et al.* (2008) apresentam essas relações entre temperamento e esquema conforme indicado no quadro a seguir.

Lábil	Não-Reativo
Distímico	Otimista
Ansioso	Calmo
Obsessivo	Distraído
Passivo	Agressivo
Tímido	Sociável

Em outras palavras, as crianças e adolescentes, por mais que vivam experiências nocivas durante seu desenvolvimento, podem reagir de modos diferentes a partir de seu temperamento e isto será um divisor de águas para o estabelecimento de Esquemas Desadaptativos na vida adulta.

O objetivo da Terapia do Esquema no atendimento de criança e adolescente é prevenir o estabelecimento de Esquemas Desadaptativos Remotos na vida adulta, por meio da reparação parental.

Young (2008) fala de 18 Esquemas Disfuncionais, sendo que 13 são incondicionais, ou seja, remotos e nucleares, enquanto os outros cinco são condicionais, desenvolvidos posteriormente como tentativa de obtenção de alívio aos Esquemas Incondicionais.

Gostaria de deixar claro que Esquemas considerados incondicionais, por muitas vezes, podem assumir papéis de Esquemas Condicionais.

> *Vamos citar o caso de Marcela, 35 anos, mãe de Catarina, três anos. Marcela relata sua ausência de cuidados maternos na infância, revelando um esquema incondicional de privação emocional, e por conta disto relata sentir-se uma péssima mãe, não ofertando aquilo que a filha necessita, devido a não ter aprendido estes cuidados, demonstrando o esquema de defectividade e vergonha como esquema condicional (os nomes são fictícios).*

Neste caso vocês observam que o esquema de defectividade e vergonha, citado por Jeffrey Young (2008) como um Esquema Incondicional, está fazendo o papel de um Esquema Condicional, pois advém da privação emocional sofrida.

Esquemas Incondicionais	Esquemas Condicionais
Abandono/instabilidade	Subjugação
Desconfiança/abuso	Autossacrifício
Privação Emocional	Busca de aprovação e reconhecimento
Defectividade/vergonha	Inibição emocional
Isolamento Social	Padrões inflexíveis/postura autocrítica exagerada.
Dependência/incompetência	
Vulnerabilidade ao dano e à doença	
Emaranhamento/Self Subdesenvolvido	
Fracasso	

Esquemas Incondicionais	Esquemas Condicionais
Negativismo/pessimismo	
Postura Punitiva	
Arrogo/grandiosidade	
Autocontrole/autodisciplina insuficiente	

Avaliação de Esquemas no atendimento infantil

Através do inventário de história de vida e de Esquemas (WAINER, *et al.*, 2016) com os pais consegue-se fazer uma análise qualitativa dos Esquemas Familiares, entendendo melhor o funcionamento da criança e da família, o que auxilia na mudança da dinâmica familiar. A criança é coadjuvante nesse tratamento, e portanto dificilmente estará em atendimento sem a presença dos pais. A aplicação de inventários nas crianças não é aconselhável devido à criança estar envolta com seu mundo simbólico, tornando os inventários cansativos para elas. Quando a criança está em atendimento consegue-se perceber seu funcionamento de modo qualitativo, sem ter que expor a mesma à aplicação de inventários. Após a anamnese você pode montar um diagnóstico desta família e iniciar a psicoeducação.

Avaliação de Esquemas no atendimento com adolescentes

Através do inventário de histórico de vida e de estilos parentais (WAINER, *et al.*, 2016) conseguimos entender a dinâmica familiar. A experiência diz que o inventário de Esquemas, quando aplicado em adolescente, por diversas vezes, dá respostas evitativas ou hipercompensadoras. Só após a anamnese realizada com o adolescente escutam-se os pais, evitando-se assim viés no diagnóstico. Através do inventário de estilos parentais, conseguimos entender o adolescente a partir de sua visão dos pais e assim começar a psicoeducação junto ao adolescente e sua família.

Segundo Young (2008), a evitação, hipercompensação e resignação são estilos de enfrentamento dos Esquemas, ou seja, o modo como o indivíduo vai reagir aos mesmos.

Na evitação o indivíduo evita o Esquema de modo a não acionar os gatilhos mentais existentes no mesmo, por exemplo, um paciente com Esquema de privação emocional pode esquivar-se de contato íntimo com as pessoas de modo a evitar uma nova privação.

Na hipercompensação o indivíduo luta contra o Esquema de modo a não se submeter ao mesmo. Por exemplo, uma pessoa que sofre de privação emocional, não recebendo carinho e atenção, pode lutar contra isso dizendo não gostar da pessoa que o priva.

Na resignação a pessoa vivencia o Esquema com intensidade. Por exemplo, uma pessoa que tenha sofrido por privação dos pais procura relacionamentos com alta probabilidade de privá-lo.

Um caso de sucesso

Marcos (nome fictício), uma criança de nove anos, vivenciou experiências traumáticas na escola, quando tinha cinco anos de idade. Em sua experiência emocional, seus amigos de classe não eram empáticos, isolando-o de suas brincadeiras, o que fazia Marcos brincar sozinho, criando uma experiência lúdica solitária. Hoje Marcos apresenta dificuldades nos relacionamentos que, se não forem cuidadas de modo preventivo, poderão ocasionar esquemas desadaptativos na vida adulta.

O pai de Marcos também apresenta dificuldades no âmbito dos relacionamentos, demonstrando um Esquema de inibição emocional. Por isto considera normal a atitude do filho de se isolar. Ambos gostam de ficar em casa envoltos no seu mundinho eletrônico. Protegidos dos gatilhos mentais que lhes geram desconforto.

A mãe de Marcos mostra-se insegura, lutando (hipercompensando) contra esta emoção de medo e demonstrando

Esquemas como abandono/instabilidade, privação emocional e defectividade/vergonha. Marcos repete este comportamento, apresentando dificuldades no enfrentamento de seus medos.

O meu desejo de elucidar este caso é mostrar a importância do atendimento aos Esquemas familiares de modo a entender e atender a criança e o adolescente.

Ao trabalhar junto aos pais, os seus Esquemas desadaptativos, você permite aos mesmos realizar a reparação parental com seus filhos de modo a prevenir que estes venham a repetir seus padrões esquemáticos.

A reparação parental nada mais é do que oferecer para a criança aquilo que não lhe foi oferecido anteriormente, e no caso do adulto, aquilo que precisava na infância mas que não recebeu de seus pais.

Voltando ao caso do Marcos, após a entrevista do histórico de vida da criança, junto aos pais, do inventário de Esquemas, e da entrevista com a criança iniciou-se o trabalho com a família, esclarecendo para a criança sobre os Esquemas paternos e a repetição de Marcos destes padrões esquemáticos.

Em alguns momentos atende-se Marcos sozinho de modo a entender seus sentimentos e emoções diante do mundo, também se atende os pais de modo a validar seus sentimentos e emoções e apoiá-los na superação de seus esquemas. E por vezes atende-se toda a família de modo a validar o sentimento de todos.

Em um dos atendimentos com Marcos, este me conta da sua experiência na escola em que estudava. Marcos me conta que as crianças eram soberbas e que o excluíam, o que o fazia sentir-se só, encontrando estratégias para seu sofrimento, tais como brincar sozinho. Pergunto o porquê de Marcos não falar sobre seus problemas aos pais e este me responde que os pais o fariam passar vergonha, indo à escola e pedindo providências.

Faço o exercício de imagens mentais com Marcos. Peço que volte ao dia em que se sentiu excluído e que fale o que está sentindo aos seus amigos. Marcos inicialmente evita entrar em contato com sua dor, e quando se permite, ativa seu modo criança zangada (YOUNG, 2008), falando sobre seu desejo de destruir os colegas, de modo a machucá-los como foi machucado emocionalmente. Neste momento peço que Marcos me coloque na cena e ajudo-o a conversar sobre seus sentimentos com os colegas.

No atendimento familiar, peço para Marcos contar aos seus pais o ocorrido e como se sentiu. Digo que estamos juntos naquele momento e que o ajudaria.

Após contar aos pais, a genitora descreve ter vivido as mesmas situações quando criança, fala dos medos e inseguranças sofridas e que não gostaria que o filho passasse pela mesma situação.

Eu acolho a dor da mãe e mostro a Marcos que ele não precisa reproduzir a vivência materna. Que sua mãe não tinha confiança de contar aos seus pais os seus problemas, devido a não sentir-se compreendida e às vezes ser punida, mas que os seus pais estavam dispostos a auxiliá-lo na dor vivida, escutando-o e compreendendo-o.

Peço à mãe de Marcos para abraçar o filho e escutar o que ele tinha a dizer de modo acolhedor e sem críticas e forneço um exercício de casa, no qual Marcos contará a sua mãe antes de dormir sobre seus sentimentos de modo que ela possa acolher e não criticar, auxiliando na resolução do problema.

Nestes dois atendimentos eu mostro a vocês como auxiliei mãe e filho a se comunicarem, fazendo a mãe perceber seu Esquema e auxiliar o filho a não repetir seu padrão. Faço isto fortalecendo esta mãe para que ela esteja apta para fazer a reparação parental junto ao filho sem ficar na dependência do terapeuta.

Em relação ao pai de Marcos, trabalhamos o seu Esquema de inibição emocional, mostrando o quanto isso contribui negativamente para o desenvolvimento saudável de seu filho. Verificamos juntos os gatilhos mentais que o fazem agir de tal modo e o auxílio no enfrentamento destas emoções.

Como exercício de casa o pai irá se policiar a não estimular o filho a ficar em casa e no entretenimento eletrônico, saindo com ele e interagindo com os pais dos amigos.

Ao longo da história de Marcos, observamos os progressos familiares e o quanto esta criança se tornou mais segura em suas relações.

Observamos que Marcos era o paciente identificado, mas que a base de sua dificuldade estava nos Esquemas Desadaptativos dos pais. Quando os pais perceberam os seus Esquemas e se mobilizaram para mudá-los, automaticamente o filho se tornou mais seguro para construir relações estáveis.

É claro que este processo não é do dia para a noite, que trabalhei os esquemas paternos em algumas sessões, mas trago este caso para elucidar que num processo psicoterápico infantil se faz necessário cuidar e acolher os cuidadores.

Exercícios

1. Imagem mental

Peça para seu paciente que se sente ou se deite de modo confortável e diga que irão fazer uma viagem pelo país das maravilhas. Inicialmente lhe pergunte se conhece a história de Alice no País das Maravilhas e se o mesmo der uma negativa conte a história de forma lúdica. Use sua criatividade. Se você notar insegurança na criança, pode pegar na sua mão e dizer que farão a viagem juntos.

Peça que imagine que, assim como na história de Alice, estão deitados abaixo de uma árvore e que você está lhe contando uma história, neste momento ele(a) vê um coelho de cartola correndo apressadamente e entrando num buraco, desaparecendo.

Diga a seu paciente que, curioso, ele foi atrás do coelho, deslizou pelo buraco com cores vibrantes e quando chegou ao fim deu de encontro com várias portas. Peça ao seu paciente para escolher uma porta e lhe dizer o que está vendo. Se o paciente não conseguir visualizar nada, você o ajuda dizendo que estão juntos nesta viagem e que você não permitirá que nada lhe aconteça. Diga que esta é sua história e ele pode contá-la do jeito que quiser. Através da história você poderá avaliar o gatilho mental existente e fazer a reparação parental ainda no mundo subjetivo da história.

Exemplo: Se o paciente lhe traz que bruxas o estão atacando, você entra na cena protegendo-o das bruxas.

Aos poucos peça que o paciente retorne à cena da vida real e confira se está bem.

Este exercício auxilia o profissional a reparar os gatilhos mentais de forma lúdica.

> Saiba como aplicar esta técnica em meu YouTube: Terapia do Esquema por Psicóloga Thais Galvão, e baixe a história de Alice no País das Maravilhas no Portal Relacionando-se: http://portalrelacionandose.com.br

2. Cartões-lembretes

Faça vários cartões-lembretes, coloridos e com desenhos ou recortes infantis que representam os desconfortos do seu paciente e do outro lado um desenho ou recorte que simboliza a reparação deste sentimento. Esta atividade pode ser feita com o paciente ou você pode criá-los sozinho(a). Explique que cada cartão-lembrete representa um problema o qual ele vem vivenciando e do outro lado existe uma solução saudável para aquele problema. Diga que deve olhá-lo sempre que se sentir daquele modo, agindo de acordo com a solução dada.

Exemplo: o paciente fica com raiva pois brigou com um amigo, então desenha sobre a briga; do outro lado pode desenhá-lo conversando com o amigo para fazer as pazes. Encontre a solução junto com o paciente.

Conheça a aplicação desta técnica no Portal Relacionando-se: http://portalrelacionandose.com.br

---

3. Fábulas

As fábulas são muito úteis para se trabalhar a prevenção dos Esquemas Desadaptativos em crianças, devido ao seu teor lúdico.

A História de Arroar, O Leãozinho Sem Limites, é um exemplo de fábula para se trabalhar a prevenção do domínio de limites prejudicados.

Arroar é um leãozinho controlador, cujo objetivo de ter bem-estar está acima de regras e empatia. No ambiente familiar de Arroar, os pais apresentam dificuldades no estabelecimento de limites, sendo permissivos e controladores (LOPES, *et al.*, 2011).

Ao se trabalhar as fábulas, você permite que o paciente identifique-se com elas, propiciando trabalhar a prevenção dos Esquemas.

No caso da fábula citada podemos trabalhar a identificação com os Esquemas de arrogo/grandiosidade ou autocontrole/autodisciplina insuficiente.

Conheça esta e outras fábulas para se trabalhar com adultos, crianças e adolescentes no Portal Relacionando-se:

http://portalrelacionandose.com.br

Ao concluir este capítulo espero que tenha ficado clara a importância do atendimento à família quando tratamos de crianças e adolescentes, de modo que os pais/cuidadores possam ser os autores da reparação parental diante de seus filhos, tendo o terapeuta apenas como guia e entendendo que a prevenção de esquemas dar-se-á através da melhora dos esquemas dos responsáveis, haja vista a repetição de padrões familiares.

Referências

BACH, Bo; LOCKWOOD, G.; YOUNG, J. A new look at the schema therapy model: organization and role of early maladaptive schemas. *Cognitive Behaviour Therapy*. New York (EUA), 2017, 47, p.1-22. Disponível em: <https://doi.org/10.1080/16506073.2017.1410566>. Acesso em: 22 jan. 2019.

FREDRICKSON, B. L. **Amor 2.0**. Tradução de Marcelo Yamashita Salles. 1. ed. São Paulo: Companhia Editora Nacional, 2015.

LOPES, R. F. Fernandes; LEITE, D. T.; DO PRADO, T. P. Proposta psicoeducativa para crianças baseada na terapia de esquemas. *Revista Brasileira de Terapias Cognitivas*, 2011, 7(2), p.46-60.

Terapia cognitiva focada em esquemas: integração em Psicoterapia [recurso eletrônico] / Organizadores Ricardo Wainer ... [et al.]. Porto Alegre: Artmed, 2016.

WAINER, R. *et al*. (Org.). *Terapia cognitiva focada em esquemas: integração em Psicoterapia*. Porto Alegre: Artmed, 2016. Disponível em: < https://edoc.site/terapia-cognitiva-focada-em-esq-ricardo-wainer-5-pdf-free.html>. Acesso em: 22 jan. 2019.

YOUNG, J.; KLOSLO, J. S.; WEISHAAR, M. E. **Terapia do esquema**: guia e técnicas Cognitivo Comportamental inovadoras. Tradução de Roberto Cataldo Costa. Porto Alegre: Artmed, 2008.

Psicoterapia na adolescência: um olhar da Gestalt-terapia

10

Viviane Regina de Oliveira Silva

Viviane Regina de Oliveira Silva

Psicóloga, administradora, especialista em Gestão de Pessoas, professora universitária, mestranda em Ensino de Ciências e Matemática. Palestrante e Consultora. Possui um portfólio com inúmeros cursos realizados anualmente. Proprietária da Clínica Psicoitu.

Contatos:

E-mail: prof.viviane.2015@gmail.com

Facebook: Viviane Oliveira Itu

Instagram: @psicoitu2019@gmail.com

Blog: https://psicoitu.blogspot.com/

Psicoterapia na adolescência: um olhar da Gestalt-terapia

Fico pensando em como cativar o estimado leitor a acompanhar as reflexões que se seguirão. Evidente que o título poderia ser mais convidativo, como "desvendar mistérios da adolescência". E assim, como de costume, conhecer os segredos da mente humana é motivo de grande curiosidade do público em geral. Por outro lado, fico pensando se haveria mesmo um mistério a ser descoberto ou se aquilo que vemos, sentimos e experienciamos não é de fato o homem em si.

Acredito que todo ponto de partida é também uma vista da qual olhamos. E, por isso, preciso contar de onde é que vem o meu olhar. Primeiro que a maior parte dos psicoterapeutas, ainda na sua formação acadêmica, acaba se dirigindo para teorias e abordagens ora centradas no inconsciente, ora no comportamento. Eu, por outro lado, sou humanista desde sempre. Isso você perceberá que já explica muito sobre meu modo de compreender o mundo e os fenômenos. Então, além de psicóloga humanista, também sou administradora e especialista em gestão de pessoas. O que isso tem a ver com o presente texto? Tudo! Porque toda vez que se escreve, seja lá o que for, trata-se de produção pessoal. Revela parte de sua existência e deixa uma marca que é singular.

Então, é desse lugar do único, da singularidade, da quebra de padrões e vidas "fora da caixa" que provavelmente discorrerei. E, nesse sentido, escolhi um grupo em especial: a clínica infantojuvenil, ou mais especificamente, a tão temida (pelos pais e educadores) adolescência.

Ah, a adolescência! Uma etapa transitória. Onde se abre um mar de possibilidades e incertezas. Legalmente, antes dos 18 anos não há responsabilidade e autonomia. Porém, um marcador biológico seria tão determinante para estabelecer o momento exato em que um sujeito pode ou não ser capaz de fazer escolhas responsáveis por conta própria? Quer dizer, às 21 horas, após cantar os parabéns e girar o marcador dos 17 anos e 11 meses, para a sonhada maioridade, o sujeito estaria pronto? Apto à vida adulta e a todas as demandas que dela emergem? Essas perguntas nos ajudam a pensar no imenso arcabouço de questões que atravessa a juventude.

No Brasil, o adolescente é considerado a pessoa com idade entre 12 e 18 anos, que se encontra em uma etapa peculiar da vida, considerando sua condição de desenvolvimento. Mundialmente, acredita-se que essa fase pode se estender até os 24 anos. Há, contudo, que se esclarecer que existe um consenso sobre essa etapa do ciclo vital, onde fica bem delimitada uma transição entre a infância e vida adulta. Sobretudo, as mudanças físicas, a chamada puberdade, marcam o início da adolescência, que finaliza com a consolidação da personalidade, autonomia, independência financeira e aquisição de outras relações sociais. Esse grupo é vulnerável, já que sofre intensas mudanças, não só corporais, mas socioemocionais, sexuais, mentais e para definição e escolha da vida futura, especialmente relacionada à profissão.

Por outro lado, do modo humanista, ou melhor, *gesltaltista* de ver esse fenômeno, não é possível ficar amarrado em concepções deterministas e reducionistas sobre um evento ou grupo. Teorias que focam nos aspectos biológicos sobre a adolescência normalmente visam naturalizar características tomadas como universais desse grupo. Entretanto, o olhar do Gestalt-terapeuta precisa ser diferenciado. Ele deve compreender o jovem no seu processo interacional com o meio, pois tudo o que o circunda compõe o seu campo existencial e forma um fenômeno singular.

Então, surgem as questões que devem nos nortear durante toda essa conversa: qual o olhar do Gestalt-terapeuta sobre o adolescente? Como entender esse indivíduo? Quais as demandas mais comuns na clínica? Como esse cliente chega até o consultório? Quais as possibilidades e estratégias psicoterápicas de que o terapeuta pode se valer? Sem a pretensão de ser uma discussão altamente acadêmica ou que dedique longas análises conceituais, este artigo pretende estimular o leitor a olhar de uma forma diferente para os conflitos dessa etapa da vida, sobretudo para o indivíduo que a vivencia.

Primordialmente, em face da necessidade de tornar os pressupostos da Gestalt-terapia mais acessíveis ao caro leitor, é preciso fazer algumas retomadas teóricas. Os terapeutas e teóricos contemporâneos debatem exaustivamente a fim de compor e sistematizar uma teoria da personalidade, um arcabouço teórico e um conjunto de técnicas que orientem o terapeuta na sua prática. Então, cumpre esclarecer o ponto inicial dessa abordagem. A Gestalt-terapia foi criada na década de 1940 por Fritz e Laura Perls. O casal, dissidente da Psicanálise e envolvido com a Terceira Força da Psicologia, a saber a Psicologia Humanista, valeu-se dos mais diferentes influenciadores, como o próprio Humanismo, o Existencialismo, a Fenomenologia, a Psicologia da Gestalt e Teoria de Campo. Para seu fundador, tratava-se de uma abordagem fenomenológico-existencial, ou seja, uma Psicoterapia vivencial que ressalta a consciência do aqui-e-agora, no presente, através do foco de como o fenômeno é apresentado. Para esta abordagem, o desenvolvimento do homem é um processo constante, isto é: está sempre em movimento, em mudança.

> "Isso sugere uma visão de adolescência como um fenômeno global que integra 'num todo singular' as diversas forças do ser-no-campo e não como mera latência em direção à maturidade" (BARONCELLI, 2012, p.192).

Se formos analisar a origem da palavra "adolescente" descobriremos que se trata de um verbo que deriva do latim *adolescere*. Com mais de um século de existência, o sentido manifesto por esse conceito é de algo que está em processo, logo, em crescimento. Diferentemente do que ocorre na infância, a adolescência é o lugar da construção da independência e da autonomia. Não raramente notamos as explosões emocionais, a agressividade, os comportamentos impulsivos e a rebeldia. É um momento em que tudo dentro do indivíduo está em movimento, e, portanto, seu corpo e seus valores infantis já não representam mais o que ele experiencia.

Nesse caso, qual seria o papel do psicoterapeuta? Se consideramos, metaforicamente, o paciente como uma casa, poderíamos imaginar que ele tem diferentes vias de acesso aos seus estados afetivos, cognitivos e emocionais. Assim, antes de mais nada, o Gestalt-terapeuta não pode perder de vista quem ele é e que atua ativamente nessa nova relação, porém, é seu dever acolher todo o fenômeno vindo do paciente tal como ele se dá, sem julgamentos, sem imprimir sobre ele suas crenças ou valores. O psicoterapeuta precisa ter claras algumas questões norteadoras que podem auxiliá-lo no manejo terapêutico:

- O sintoma corporal ou a queixa manifesta que leva o cliente à terapia é o caminho de acesso ao indivíduo;
- Ele deve focar na experiência presente, pois é ela que possibilita a compreensão sobre o cliente;
- Ele deve observar as crenças como uma atribuição de significado ao que é sentido, ou seja, ajudar o cliente a simbolizar o que sente corporalmente ou emocionalmente, traduzindo isso por meio da linguagem;
- E, finalmente, promover a integração, que é, ao mesmo tempo, o processo terapêutico em si e do indivíduo, concebidos em sua totalidade.

Importante lembrar que, para a Gestalt e a Teoria do Campo, é necessário analisar a situação de uma forma holística. Que quer dizer não só as partes, mas o todo. Não apenas o sintoma. Não apenas o comportamento. Não apenas o indivíduo, desconsiderando suas relações e, assim, por conseguinte. Ou seja, falar de um indivíduo na adolescência é também abordar sua história, seu ambiente, as relações sociais, as instituições que compõe e sua cultura. Logo, não se pode atuar com adolescentes em uma perspectiva gestáltica com uma atitude reducionista, pois assim perder-se-ia a singularidade e os aspectos existenciais. Conceitualmente, portanto, adolescência diz de um "SER" e essa existência habita corporalmente, mas, sobretudo, em um contexto social e relacional, em uma família com seus valores, crenças e expectativas e em uma cultura, com seus ritos e ideais para os seus membros. Todos esses aspectos formam uma pessoa e esta vai significar essas influências à sua maneira.

Ao considerar o sujeito como um ser holístico, a Gestalt-terapia torna imprescindível compreender o modo de ser do sujeito no mundo através da sua relação com o meio. Nesse sentido, permite que o homem faça contato com tudo que integra seu campo. E nada que acontece em um campo em que o sujeito está inserido é neutro para outro campo. Por isso, a finalidade da Psicoterapia é fazer com que o sujeito entre em contato consigo mesmo, se conheça, se perceba, tome consciência de si, para, então, agir a seu favor. O objetivo dessa abordagem, enquanto prática clínica, é promover o processo de crescimento, para que o indivíduo desenvolva todo seu potencial. Isso se dá através da integração entre partes conhecidas e desconhecidas do homem, e da ampliação da sua consciência sobre seu próprio funcionamento e escolhas, responsabilizando-o por elas.

Cumpre esclarecer que durante a adolescência há uma intensa demanda de escolhas acerca das suas relações, profissão, sexualidade e outros temas, de igual modo, existenciais. Por esta razão, a Gestalt-terapia considera que, nesse período, sua capacidade de contato está em desenvolvimento, o que também implica o amadurecimento da fronteira de contato. Em linhas gerais, esses dois conceitos referem-se às trocas que são feitas na relação entre alguém que não sou eu e eu mesmo.

Cabe lembrar que na adolescência a dimensão afetiva é a que mais sofre, pois fica sobrecarregada de estímulos, requerendo do indivíduo um processo de revisão dos seus valores, enquanto tenta consolidar outras novas formas de ser. Afetividade refere-se ao quanto o indivíduo é afetado, impactado, pelas relações e experiências que lhe sucedem. Sobretudo, relaciona-se à sua capacidade e forma de reação aos eventos. Cumpre esclarecer que as emoções do jovem estão intimamente ligadas aos seus anseios existenciais, tornando-se fonte de angústia. Ressalto que é uma etapa marcada pelas primeiras experiências: no corpo, despede-se da criança, há um desconhecimento e necessidade por uma nova identidade. Depara-se com novas relações e inauguram-se novos hábitos e comportamentos. Toda essa transição causa um inevitável estranhamento, dada a forma abrupta com que irrompe no jovem. Não raro, as manifestações na clínica gestáltica envolvem a agressividade, comportamentos incomuns e queda no rendimento. Sobretudo, há condutas de risco, abuso de álcool e drogas e grande idealização, que acabam gerando frustrações.

Neste sentido, é importante refletir sobre como fornecer suporte psicológico para este grupo, considerando toda a dinâmica, que, apesar de fascinante, é igualmente assustadora. Primeiro, é preciso levar em consideração que o processo de crescimento é condição inexorável ao homem, mas que cada sujeito é único e precisa ser considerado como tal pelo terapeuta. Em segundo lugar, o terapeuta orienta o cliente na sua descoberta e diferenciação, ou seja, na busca de "si mesmo", o que implica a dimensão da liberdade e da responsabilidade. Sobretudo, isso exige um sólido vínculo de confiança entre ambos. Portanto, não é algo que acontece magicamente. É um processo de tentativa, erro e acerto. Ajustes e adaptações. Fazer escolhas, compreender o que se ganha e o que perde. Abrir mão de algo para obter outro, que supostamente é mais vantajoso, exige conhecimento sobre si e sobre o que se quer. Não é na vida adulta que essa capacidade se desenvolve. Ela pode até se aprimorar ao longo dos anos, mas é na adolescência que as possibilidades de exploração estão abertas e disponíveis, permitindo ao jovem maior consciência de si.

Considerando toda essa ansiedade sobre o futuro, é comum que na clínica com adolescentes haja uma grande demanda por orientação profissional. Como já abordado anteriormente, a escolha profissional gera angústia, pois implica a escolha de uma inclinação para algo com que o jovem se identifique. Ademais, esse momento deixa evidentes expectativas sociais e familiares, que obscurecem as verdadeiras intenções do jovem, que pode vir a decidir por desejo de filiação ou aceitação social. Essa escolha em especial torna-se um dilema para o jovem, que se depara com toda a incerteza do futuro. O terapeuta gestáltico pode se valer de diferentes estratégias nesse contexto, por exemplo, solicitar que o cliente levante o máximo de informações possíveis sobre determinada profissão, fantasie sobre ela ou realize dramatizações sobre o que acredita formar o conjunto de atividades laborais daquela carreira.

Essa discussão direciona para o entendimento gestáltico sobre a autorregulação, que nada mais é do que uma tendência que o organismo tem de se atualizar com o mundo, na qual ele se adapta às mudanças que se impõem, buscando novamente o equilíbrio. Contudo, há uma condição de desajuste que pode alterar o funcionamento do indivíduo. As perdas, as enfermidades, a morte e o sofrimento são condições inexoráveis à existência humana. O sofrimento psíquico pode ocorrer quando a homeostase do sujeito é afetada. Ou seja, por alguma razão ele perde seu equilíbrio, a partir de necessidades não satisfeitas, que deixaram *Gestalts* abertas. O psicoterapeuta vai possibilitar o fechamento dessas *Gestalts* abertas ou inacabadas, permitindo ao sujeito reencontrar seu equilíbrio. Para que isso ocorra o sujeito precisará entrar em contato com suas questões, tomar consciência de si, perceber o que o impediu de realizar uma determinada necessidade, provocando o inacabamento de uma *Gestalt*. Para a abordagem que nos impulsiona, a doença é vista como um distúrbio no processo de autorregulação do organismo, vital ao homem. Neste sentido, o terapeuta dará atenção ao fenômeno que emerge, já que é o cliente que irá apontar aquilo que é a sua necessidade de cuidado no momento. Dessa forma, o Gestalt-terapeuta pode provocar o cliente a ampliar o seu limiar de percepção, fazendo o sujeito atualizar suas possibilidades, criando novos caminhos e soluções para os problemas.

Pensando nessa desregulação, uma queixa comum na clínica com adolescente são os transtornos alimentares (bulimia e anorexia nervosa), mormente por ser um problema de saúde mental que afeta majoritariamente adolescentes do gênero feminino e um dos que mais conduzem ao óbito. Esse grave transtorno tem suas origens nos padrões excessivamente rígidos de beleza e magreza impostos pela sociedade. Neste sentido, o adoecer é visto como uma disfunção do ajustamento criativo, ou seja, em oposição à psiquiatria tradicional, a visão gestáltica compreende o sintoma como uma expressão existencial. Saúde e doença são entendidas como uma dinâmica dialética. Sobretudo, quando algo escapa do entendimento do indivíduo, seu organismo se autorregula e cria uma saída mais adaptativa. Ele está tentando se reequilibrar e construir o seu modo de estar no mundo da melhor maneira que pode, considerando sua análise perceptual do que está vivendo.

Um aspecto importante acerca da adolescência é que esta etapa marca uma série de conflitos e pressões oriundos das crenças que foram introjetadas pela família e pela sociedade. Quando essas experiências introjetadas são negativas ou tóxicas (abandono, privação, punição), surgem as disfunções e a inautenticidade, o jovem aliena aspectos seus e passa a uma condição de "não existir". Isso pode gerar um desejo de agradar ao outro para ser aceito. Neste sentido, o estágio anterior de confluência e dependência começa a dar lugar para a individualidade, que requer a cisão entre o que é próprio do outro e o que é seu. Considerando todo o processo de transformação, o psicoterapeuta atua como um facilitador da *awareness*, ou seja, uma abertura à reflexão que identifica e singulariza o sujeito, considerando o papel do outro na própria individuação. Isso significa dizer que quando o adolescente olha para outra pessoa percebe que também está sendo olhado e pode se conscientizar sobre si mesmo. Ademais, nesse período o jovem passa por uma redefinição das fronteiras do *self* e do ego, já que está consolidando sua personalidade.

Frequentemente, os adolescentes procuram terapia por vontade própria ou serem encaminhados pela escola ou pela família. Em geral, as queixas são questões relativas à sexualidade, transtornos alimentares, comportamentos autolesivos, problemas familiares, orientação profissional, transtornos de humor, problemas psicossomáticos, dificuldades escolares, uso de substâncias, dentre outros. Assim, a primeira coisa a ser feita por um Gestalt-terapeuta, a fim de estabelecer um vínculo de confiança, é tomar conhecimento de todas as atividades e interesses do jovem. Vale ressaltar que é importante para o psicoterapeuta compreender o funcionamento familiar pelo viés dos outros membros. Assim, usualmente se procede com uma entrevista com os pais, que pode acontecer com ou sem a presença do jovem. Sobretudo, o psicoterapeuta deve conhecer todo o campo existencial do adolescente e compreender os seus sentimentos em relação a si mesmo. Como o lúdico e o simbólico são uma importante via de acesso ao mundo psíquico dos indivíduos, seja em qual fase da vida estiverem, uma estratégia que pode funcionar bem na etapa inicial de vinculação é o diário de terapia, ou seja, um caderno que será usado no contexto familiar e na terapia, para registros diversos e com o propósito de auxiliar na autoconsciência.

É comum que adolescentes tenham uma intensa carga de raiva no bojo das suas emoções. Esse sentimento é mal compreendido socialmente, gerando uma recusa pela sua manifestação e expressão. A inibição da raiva gera uma retração do eu, o que costuma encaminhar muitos indivíduos e suas famílias para a terapia. A terapia visa prover condições, inicialmente, para que a criança ou jovem possa falar sobre tudo o que o entristece ou causa raiva, reconhecer as polaridades dos sentimentos e definir mecanismos para lidar com eles. Essa polaridade é algo simples e comum a todos os sentimentos humanos, contudo, é controverso sentir raiva de alguém que primariamente nos dirige afeto ou cuidado. Além disso, quando a expressão desse tipo de sentimento é tolhida, constrói-se na mente infantojuvenil que não pode demonstrá-lo ou que, ao fazê-lo, pode ser rejeitado ou não amado. Assim, manejar a raiva no consultório requer traquejo do psicoterapeuta, que pode ser bem-sucedido se orientar sua escuta a partir de alguns pontos, por exemplo: o paciente precisa estar consciente de que está sentindo raiva e nomear isso; a raiva é nada mais nada menos do que uma emoção natural a todos os homens, não precisa receber uma carga valorativa, pois todo mundo sente e pronto; importante encontrar formas de expressão dessa raiva, não importa como; e por fim, criar ferramentas que auxiliem o jovem a declarar como se sente, seja pela via direta ou indireta.

Falar sobre crianças e adolescentes é, sobretudo, falar da sua família. Há uma crença compartilhada entre psicoterapeutas de que a família é o cerne da questão em torno do adolescente "problema". Mas o nosso olhar sobre ele entende que esse grupo é como outros na clínica e, por isso, o suporte ofertado pelo terapeuta pode ser benéfico tanto para crianças como para jovens. O adolescente já tem introjetados sentimentos negativos que deformam seu autoconceito. Assim, o terapeuta precisa ajudá-lo a encontrar formas saudáveis de expressão dos seus sentimentos. Portanto, o papel da terapia é também mediar e até interpretar a comunicação que ocorre entre pais e filhos adolescentes. Muitas vezes a mensagem chega de forma distorcida, o que precipita um contato deficiente. Cumpre observar que alguns pais se veem sem muita habilidade para lidar com as questões de seus filhos adolescentes e, por isso, precisam ser orientados na forma como podem equilibrar a equação entre dar suporte e promover a autonomia.

Por fim, este texto não teve a pretensão de esgotar o tema em discussão, porém foi possível apreender tanto conceitos centrais da abordagem, quanto modos de se compreender a adolescência pela abordagem gestáltica. Cumpre ressaltar que, ao reconhecer a singularidade do homem e de suas experiências, a Gestalt-terapia rompe com modelos teóricos deterministas e reducionistas. Este fato a coloca como um campo teórico e prático de grande valor para a Psicologia, pois entende os processos humanos como parte de um campo maior, mormente, onde cada experiência ou evento interfere no outro.

A adolescência é uma etapa de adaptação não só para o indivíduo, mas para toda a família. O estranhamento com seu corpo e valores infantis, que já não fazem mais sentido para o jovem, acrescidos do anseio pelo novo e pelas pressões familiares e sociais, podem ser preditores de condições pouco adaptativas. Tais questões conduzem o adolescente à Psicoterapia e requerem uma compreensão individual e singular do seu campo existencial, bem como de suas experiências. Sobretudo, o Gestalt-terapeuta irá atuar como um facilitador entre o jovem e esse novo mundo, que o instiga pela liberdade e autonomia, mas que, ao mesmo tempo, amedronta pela responsabilidade por suas escolhas e dilemas quanto ao futuro.

A Gestalt-terapia para adolescentes não difere no trato ou na compreensão desse sujeito na clínica. Seja com crianças, jovens ou adultos, as possibilidades de manejo se guiam pela tendência ao crescimento inerente a todo indivíduo e se fortalecem a partir do vínculo que é estabelecido com o psicoterapeuta. Essa relação é fundamental, pois possibilita a diferenciação e a compreensão daquilo que é seu e do que é do outro. Principalmente, permite uma aceitação incondicional e sem julgamento da sua condição e expressão existencial, auxiliando na plena conscientização do seu ser no mundo.

Por fim, ressalta-se a relevância de estudos dessa natureza, para que possa auxiliar familiares, educadores e psicoterapeutas em formação no manejo clínico ou não com este público. Além disso, pode servir de estímulo a outros pesquisadores, para que possam compartilhar seus achados na prática clínica, calcadas na teoria aqui abordada.

Gostaria de propor, ainda, um breve exercício de autoconhecimento. Se você, leitor, for pai/mãe de um adolescente, como tem enxergado essa etapa da sua vida?

- Você acredita que tem feito boa leitura das emoções e sentimentos dos seus filhos?
- Você acredita que vocês têm construído um espaço de diálogo livre de julgamentos onde ele se sinta acolhido nas suas reais necessidades?
- Por outro lado, se você é um psicoterapeuta em formação, qual tem sido o seu olhar sobre seu paciente jovem?
- Que tipo de vínculo vocês têm estabelecido?
- Quais caminhos vocês têm encontrado para uma vida mais autoconsciente e autêntica?
- Deixe suas reflexões a seguir e avalie como sua atitude pode ser aprimorada na sua experiência diária.

O modelo da mente e a Hipnose

11

Wesley Botelho da Silva

Wesley Botelho da Silva

Hipnoterapeuta, mestre em Hipnoanálise, hipnotista instruído pela Seven Hipnose dentro do protocolo de atendimento da OMNI Hypnosis Training Center.

Mentor Comportamental na área de desenvolvimento de pequenos empreendedores, com graduação técnica em Administração, Gestão e Marketing, instrução em Life Coach (Instituto Brasileiro de Coach) e Mestre em Programação Neurolinguística (PNL).

Fundador do "Faça dar Certo, o único evento de imersão hipnótica e capacitação de pequenos empreendedores do estado do Espírito Santo".

Contatos:

Email: cativaraasb@gmail.com

Facebook: https://www.facebook.com/cativar.atrair

Instagram: https://www.instagram.com/wesleycativar/

Site: www.facadarcerto.net.br

O modelo da mente e a Hipnose

Atualmente, a Hipnose tem sido um dos procedimentos de auxílio com mais eficácia quando se trata das mudanças de crença e da cura de transtornos ou traumas, uma vez que ela promove alterações no subconsciente. Sendo implementada e autorizada pelo Sistema Único de Saúde (SUS) como uma das Práticas integrativas e Complementares (PICS) de tratamento.

Desta forma, entender como todo o processo hipnótico funciona traz mais clareza e desmistifica a terapia, criando uma atmosfera mais técnica e profissional. Consequentemente, esse entendimento começa através do *Modelo da Mente*.

Para falarmos de *Modelo da Mente precisamos falar de* Gerald Kein (1939 – 2017) um dos profissionais no ramo da Hipnose mais conceituados do mundo e discípulo do pai da Hipnose médica, Dave Elman (1900 – 1967). Além de ser o criador do maior instituto de Hipnose do mundo, a OMNI Hypnosis Training Center.

De acordo com Kein, o *Modelo da Mente* é definido como uma partição da mente em três partes: Mente Inconsciente (MI); Mente Consciente (MC) e Mente Subconsciente (MS). Cabe ressaltar que cérebro e mente são coisas distintas, cérebro é algo palpável e físico e mente algo não palpável e intangível.

Para Kein, a MI é encarregada apenas por atividades mentais relacionadas com o corpo físico, tais como o sistema nervoso autônomo, que pode ser correlacionado com o funcionamento de órgãos vitais. Portanto, para a Hipnose a MI não é de interesse.

Já a MC está subdividida em quatro tópicos, sendo eles:

- **Memórias de curto prazo (MCP)**

São informações que se encontram em nosso consciente para que sejam usadas quando precisarmos. Essas informações retidas pela MCP se resumem em: nomes; números de telefones; endereços; números de documentos etc. Desta maneira, se ficarmos um longo período sem usar essas memórias elas simplesmente desaparecem de nossa mente;

- **Pensamento racional (PR)**

É a função que determina o motivo ou causa de realizarmos algo. Exemplo: por que você está lendo este livro? Provavelmente você deve ter pensado em seus motivos para esta leitura. Sendo assim, este é seu PR lhe dando uma razão para fazer esta leitura;

- **Pensamento analítico**

É a parte da MC encarregada pela análise de situações, baseando-se em fatos para tornar suas decisões mais simples de serem solucionadas e entendidas;

- **Força de vontade (FV)**

A FV é na maioria das vezes responsável pela atitude de mudança, vontade na qual um sujeito toma uma decisão de transformação pessoal. Desta forma, podemos dizer que a FV é uma das principais ferramentas para um indivíduo sair de um ponto instável de situação para outro totalmente contrário. Contudo, a FV funciona como uma bateria, e quanto maior o seu esforço para ocorrer a mudança, mais se esgota a influência desta força.

Enfim, a MS, que é a partição da mente mais relevante para a Hipnose, é fracionada em cinco elementos:

- **Memórias de longo prazo (MLP)**

As MLP são o conjunto de todas as memórias que nos moldaram até o presente momento. Esse processo se inicia desde o desenvolvimento no ventre de nossas mães, sendo a grande maioria destas memórias fruto de emoções.

- **Emoções**

Podemos dizer que as emoções são estímulos (experiências) mentais com alto impacto, que estão atrelados ao prazer (ou desgosto) em suas experiências de vida. Consequentemente, quando uma emoção aflora em nossa mente o nosso consciente não sabe lidar com as mudanças e faz com que a mesma seja responsável por nossas atitudes, temporariamente.

- **Hábitos**

Todas as coisas que executamos repetidamente em nossa vida tendem a se tornar um hábito. O hábito existe para que nosso corpo execute funções automáticas, para que nossa mente consciente possa analisar, racionalizar e raciocinar sobre outras coisas. Por exemplo: para as pessoas que dirigem carros manuais por muito tempo torna-se automática a função de troca de marchas depois de um longo período de repetição.

- **Autopreservação (AP)**

É responsável por definir através de nossas experiências o que é perigoso ou não para nós. Desta forma, se existe uma emoção negativa anexada a um acontecimento em sua vida, a AP vai lhe fazer reagir de forma espontânea a fim de se proteger. Tendo como exemplo: uma criança que sofreu uma experiência ruim com insetos, ao se deparar com um a sua mente vai sinalizar os insetos como um perigo extremo.

- **Mente ociosa (MO)**

Podemos dizer que a MO é o contrário da FV. Contudo, a mente em si já é relutante a mudanças e devido à ociosidade se encontra no subconsciente essa relutância é reforçada.

Por isso é tão complicado eliminar ou criar novos hábitos, principalmente se há a necessidade de exercer muito esforço. Uma vez que para nossa mente é muito mais simples se manter estagnada do que sofrer processos extremos de mudanças. Portanto, para a criação de novas crenças e hábitos se necessita muito esforço e FV.

Todos os fatores da MS supracitados atuam em nossas cabeças como uma máquina e suas engrenagens. As MLP armazenam experiências, a AP aliada à Emoção gera Hábitos para nos manter seguros de ameaças. Por fim, a ociosidade finaliza o ciclo cuidando para que isso se torne imutável, sendo assim a mudança de crenças se torna ameaçadora a nossa suposta estabilidade emocional.

O fator crítico

Em nossa MC ainda existe um elemento de resistência a mudanças de crenças e criação de novos hábitos que violam a programação já criada em nosso subconsciente, este é o Fator Crítico (FC).

O FC atua como um filtro de informações absorvidas no nosso dia a dia, evitando que toda configuração atual que compõe a sua personalidade e sua mente seja alterada. Logo, qualquer sugestão para mudança que viole essa programação já estabelecida o subconsciente autoriza ao Fator Crítico descartá-la.

Dando como exemplo: se uma adolescente com baixa autoestima ouve: "Você é Linda", automaticamente o fator crítico procurará no subconsciente informações positivas ligadas a sua beleza e atual estado de aceitação. Contudo, ao averiguar que a informação difere da programação da mente atual ele automaticamente descarta essa informação. Consequentemente, focará em lembranças e fatos relacionados a baixa autoestima, na maioria das vezes se remetendo à causa inicial do problema.

Desta forma, como podemos ultrapassar o FC e gerar crenças

positivas? Atualmente, na Hipnose os principais fatores que geram mais resultados na mudança de crenças e criação de novos hábitos sejam negativos ou positivos são a Repetição e o Forte Impacto Emocional.

Repetição: nossa mente é treinada para ter crenças, sejam positivas ou negativas, e a repetição é um fator poderoso para implementação de novas crenças, por exemplo: uma criança vê seus pais repetidamente brigando e reclamando do casamento que tem e que não são felizes juntos, mas não se separam, a criança cresce ouvindo queixas e defeitos sobre relação conjugal, na fase adulta possivelmente você vai ouvi-la dizer: "Casamento é só para passar raiva", e provavelmente essa pessoa não terá relacionamentos duradouros e irá evitar o casamento, pois uma crença de que casamento é sinônimo de brigas e infelicidade foi vivida repetidamente durante a infância e juventude.

Em contrapartida, uma criança que vive em um ambiente onde a relação conjugal dos pais é harmônica e respeitosa tende a gerar crenças positivas sobre o casamento, tornando-se um marido ou esposa respeitadora.

Psicólogos são especialistas em técnicas de repetição para mudança de crenças e auxílio na cura de transtornos.

Forte Impacto Emocional: quando nossa emoção aflora através de sentimentos em um alto pico provavelmente estamos passando por uma situação de forte impacto emocional, esse impacto gera na maioria das vezes a implementação de crenças de maneira instantânea em nosso subconsciente.

Exemplo: um adolescente ao se declarar para uma garota recebe uma resposta negativa e não satisfeita a garota ainda o envergonha perante toda sua classe. A sensação de vergonha aliada à tristeza da recusa gera um efeito de forte impacto emocional no adolescente que já tem efeitos instantâneos, ele provavelmente passa a não frequentar as aulas, e passa a ver a figura feminina como ameaça, se tornando mais violento, tendo atitudes machistas etc...

Caso o mesmo adolescente receba uma resposta positiva a sua declaração e estabeleça um laço emocional com a menina em questão e eles vivam um relacionamento respeitoso e saudável, provavelmente, mesmo que aja o término, ainda pode se manter uma relação de amizade sólida vinda do forte impacto emocional positivo que essa relação causou.

Hipnoterapeutas são especialistas em técnicas de Forte Impacto Emocional Positivo.

Crenças positivas em crianças e adolescentes através da Hipnose

A mente da criança está sujeita a absorver qualquer informação que esteja a seu redor por meio dos sentidos, seja na escola ou em casa. Desta forma, uma rotina bem estabelecida com um hipnoterapeuta pode mudar o fato de como ela absorve as coisas ao seu redor, dando ênfase a crenças mais positivas, visto que o cérebro ainda está em formação. Uma vez que o córtex frontal não está totalmente formado até os 20 anos de idade, o Fator Crítico (FC) atua com menos influência em crianças e adolescentes, tornando mais fácil implementar crenças positivas nos mesmos.

Com a inserção de crenças positivas em infantos, aplicando um protocolo correto, podemos praticamente definir a conduta, escolhas, incentivar o aprendizado de atividades, melhorar concentração e autoestima. Pode até ser aplicada para o tratamento de gagueira, cacoete, além de ser uma alternativa aos casos de depressão e traumas antigos ou recentes.

A aplicação da Hipnose em crianças pode ser desafiadora, uma vez que crianças são mais agitadas, dificultando a indução ao transe da maneira convencional. Contudo, existem duas técnicas para que a terapia seja executada de maneira eficaz:

Uma delas é por meio do imaginativo, em que a criança ou o adolescente é induzido ao transe a partir de momentos relacionados às coisas que lhe causam prazer, sejam elas: rotinas de diversão; comida favorita; local seguro; animal de estimação etc. Desta forma, para avaliarmos o perfil do infanto é aplicada uma técnica, conhecida como *Pre Talk* (PT), que consiste em uma conversa prévia realizada com a criança ou o adolescente, na presença dos responsáveis, sempre evitando o tema problemático. Além do que, o PT fornece segurança e desmistifica o processo de Hipnose.

O processo de indução é conduzido por meio de uma narrativa, na qual o narrador (terapeuta) pede para que o infanto imagine as coisas que lhe trazem contentamento, e com isso os sinais de empolgação e envolvimento devem ser observados. Uma vez que, quando esses sinais de excitação alcançam um ápice, é o momento em que o hipnoterapeuta consegue fazer as sugestões de crenças positivas de forma repetitiva ao subconsciente do paciente. Desta forma, ao trabalhar com reforço de crença por repetição em uma sessão, o resultado pode ser imediato.

Vale ressaltar que é muito importante que os hipnoterapeutas forneçam orientações aos responsáveis de como continuar o processo mesmo sem que ele esteja por perto. Uma vez que crianças com dificuldades para dormir, por exemplo, precisam dos pais ao lado da cama por um tempo para que possa ser reforçada a crença de dormir sozinha.

Já a técnica por meio do sono é a segunda forma de fazer um infanto entrar em transe via sono fisiológico. Essa é uma das rotinas que os terapeutas ensinam aos pais para que eles mesmos possam auxiliar no processo da terapia.

Sabe-se que o sono é um estado de relaxamento muito intenso, sendo equiparado ao estado de transe hipnótico. Sendo assim, o reforço de crenças positivas durante o sono torna-se uma ferramenta de auxílio poderosa para a hipnoterapia. Desta forma, os procedimentos feitos através do sono são muito mais eficazes do que através do imaginativo, porém o protocolo indica que dentre as duas técnicas deve se iniciar pelo imaginativo.

Todos os processos descritos necessitam do acompanhamento dos responsáveis, porém, se a criança ou o adolescente não se sentirem à vontade com a presença dos mesmos, a terapia deverá ser realizada apenas com o infanto e o hipnoterapeuta. Cabe ressaltar que os protocolos devem sempre ser mostrados e assinados pelos responsáveis, além de que as avaliações e resultados devem ser encaminhados após cada dia de terapia. Desta forma os responsáveis devem manter contato diariamente com a criança para saber como ela se sente e observar os sinais de melhoras e evolução.

Com o tempo a relação terapeuta-criança desenvolverá confiança, fortalecendo esse elo, tornando o processo de hipnose mais fácil. Portanto, o tratamento poderá ser otimizado, além de que os responsáveis podem ajudar sugerindo novas crenças.

Referências

BLANDER, R.; GRINDER, J. **Ressignificando**.

ELMAN, D. **Hypnotheraphy**.

TIERS, M. **Kit Anti-Ansiedade**.

https://omnihypnosis.com.br/

UM LIVRO MUDA TUDO

CONHEÇA MAIS SOBRE A
EDITORA LEADER

REGISTRE seu legado

A Editora Leader é a única editora comportamental do meio editorial e nasceu com o propósito de inovar nesse ramo de atividade. Durante anos pesquisamos o mercado e diversos segmentos e nos decidimos pela área comportamental através desses estudos. Acreditamos que com nossa experiência podemos fazer da leitura algo relevante com uma linguagem simples e prática, de forma que nossos leitores possam ter um salto de desenvolvimento por meio dos ensinamentos práticos e teóricos que uma obra pode oferecer.

Atuando com muito sucesso no mercado editorial, estamos nos consolidando cada vez mais graças ao foco em ser a editora que mais favorece a publicação de novos escritores, sendo reconhecida também como referência na elaboração de projetos Educacionais e Corporativos. A Leader foi agraciada mais de três vezes em menos de três anos pelo RankBrasil – Recordes Brasileiros, com prêmios literários. Já realizamos o sonho de numerosos escritores de todo o Brasil, dando todo o suporte para publicação de suas obras. Mas não nos limitamos às fronteiras brasileiras e por isso também contamos com autores em Portugal, Canadá, Estados Unidos e divulgações de livros em mais de 60 países.

Publicamos todos os gêneros literários. O nosso compromisso é apoiar todos os novos escritores, sem distinção, a realizar o sonho de publicar seu livro, dando-lhes o apoio necessário para se destacarem não somente como grandes escritores, mas para que seus livros se tornem um dia verdadeiros *best-sellers*.

A Editora Leader abre as portas para autores que queiram divulgar a sua marca e conteúdo por meio de livros...

EMPODERE-SE
Escolha a categoria que deseja

■ Autor de sua obra

Para quem deseja publicar a sua obra, buscando uma colocação no mercado editorial, desde que tenha expertise sobre o assunto abordado e que seja aprovado pela equipe editorial da Editora Leader.

■ Autor Acadêmico

Ótima opção para quem deseja publicar seu trabalho acadêmico. A Editora Leader faz toda a estruturação do texto, adequando o material ao livro, visando sempre seu público e objetivos.

■ Coautor Convidado

Você pode ser um coautor em uma de nossas obras, nos mais variados segmentos do mercado profissional, e ter o reconhecimento na sua área de atuação, fazendo parte de uma equipe de profissionais que escrevem sobre suas experiências e eternizam suas histórias. A Leader convida-o a compartilhar seu conhecimento com um público-alvo direcionado, além de lançá-lo como coautor em uma obra de circulação nacional.

■ Transforme sua apostila em livro

Se você tem uma apostila que utiliza para cursos, palestras ou aulas, tem em suas mãos praticamente o original de um livro. A equipe da Editora Leader faz toda a preparação de texto, adequando o que já é um sucesso para o mercado editorial, com uma linguagem prática e acessível. Seu público será multiplicado.

■ Biografia Empresarial

Sua empresa faz história e a Editora Leader publica.

A Biografia Empresarial é um diferencial importante para fortalecer o relacionamento com o mercado. Oferecer ao cliente/leitor a história da empresa é uma maneira ímpar de evidenciar os valores da companhia e divulgar a marca.

■ Grupo de Coautores

Já pensou em reunir um grupo de coautores dentro do seu segmento e convidá-los a dividir suas experiências e deixar seu legado em um livro? A Editora Leader oferece todo o suporte e direciona o trabalho para que o livro seja lançado e alcance o público certo, tornando-se sucesso no mercado editorial. Você pode ser o organizador da obra. Apresente sua ideia.

A Editora Leader transforma seu conteúdo e sua autoridade em livros.

OPORTUNIDADE
Seu legado começa aqui!

A Editora Leader, decidida a mudar o mercado e quebrar crenças no meio editorial, abre suas portas para os novos autores brasileiros, em concordância com sua missão, que é a descoberta de talentos no mercado.

NOSSA MISSÃO

Comprometimento com o resultado, excelência na prestação de serviços, ética, respeito e a busca constante da melhoria das relações humanas com o mundo corporativo e educacional. Oferecemos aos nossos autores a garantia de serviços com qualidade, compromisso e confiabilidade.

Publique com a Leader

- **PLANEJAMENTO** e estruturação de cada projeto, criando uma **ESTRATÉGIA** de **MARKETING** para cada segmento;

- **SUPORTE PARA O AUTOR** em sessões de videoconferência com **METODOLOGIA DIFERENCIADA** da **EDITORA LEADER**;

- **DISTRIBUIÇÃO** em todo o Brasil — parceria com as melhores livrarias;

- **PROFISSIONAIS QUALIFICADOS** e comprometidos com o autor;

- **SEGMENTOS:** Coaching | Constelação | Liderança | Gestão de Pessoas | Empreendedorismo | Direito | Psicologia Positiva | Marketing | Biografia | Psicologia | entre outros.

Esperamos você para um café!

Entre em contato e vamos conversar!

Nossos canais:

Site: www.editoraleader.com.br

E-mail: contato@editoraleader.com.br

◎ @editoraleader

Telefone: (11) 3991-6136 | (11) 98241-8608

O seu projeto pode ser o próximo.

Editora Leader